주사기 형제가 알려 주는

의외로 할 말 많은
"몸속 도감"

우에타니 부부 글·그림 | 다케우치 슈지 감수
양지연 옮김 | 박강휘 한국어판 감수

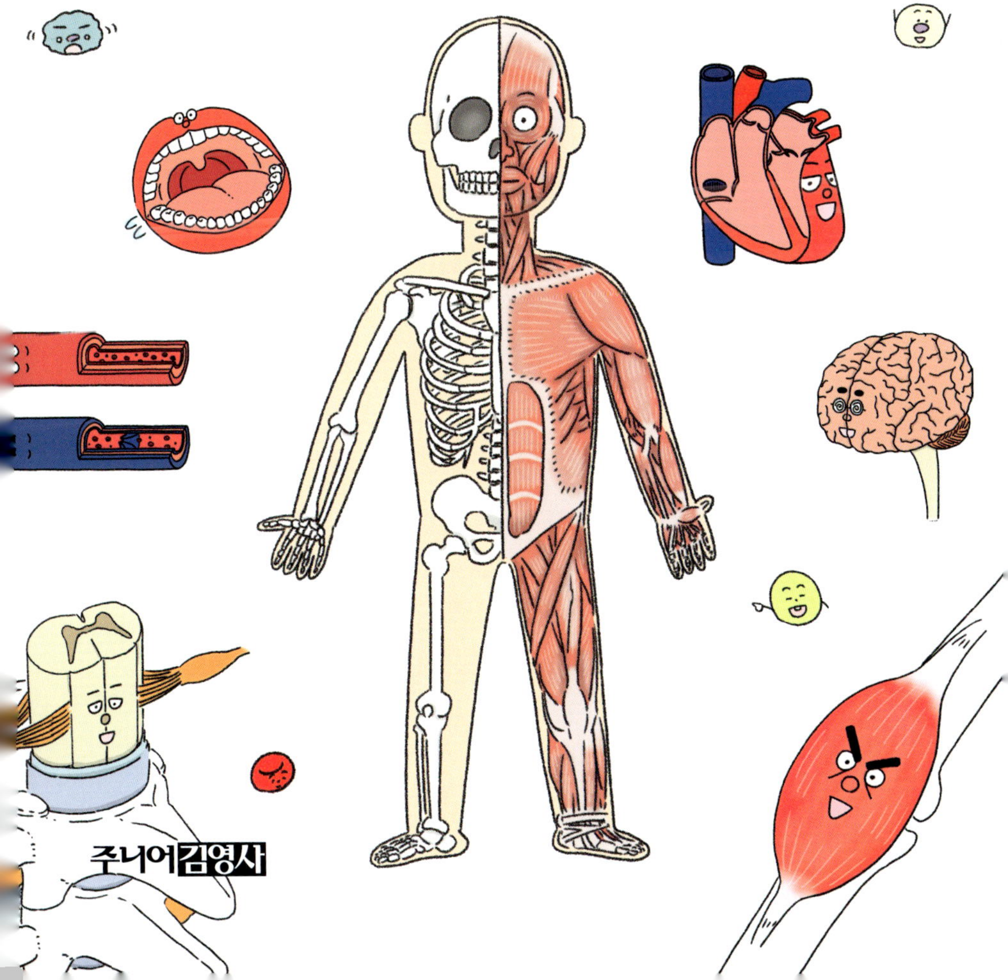

주니어김영사

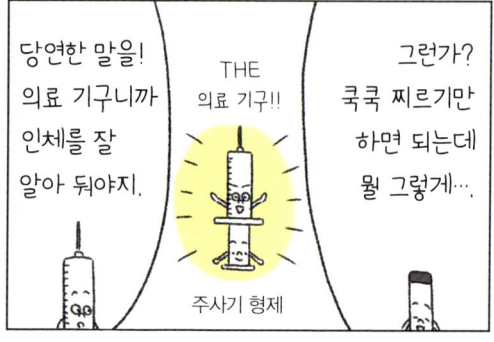

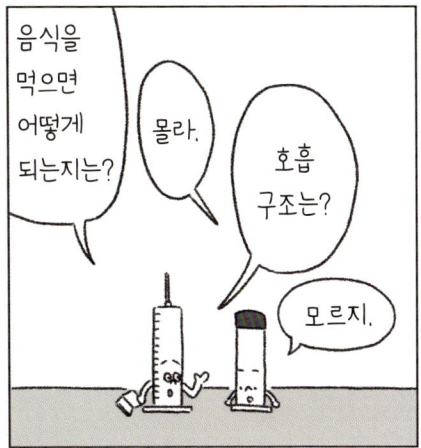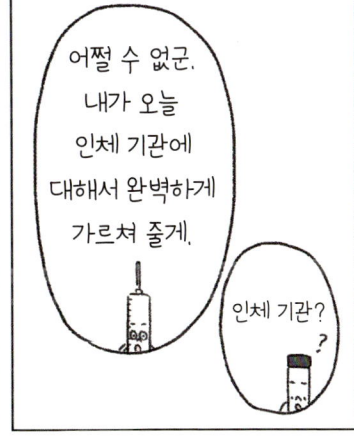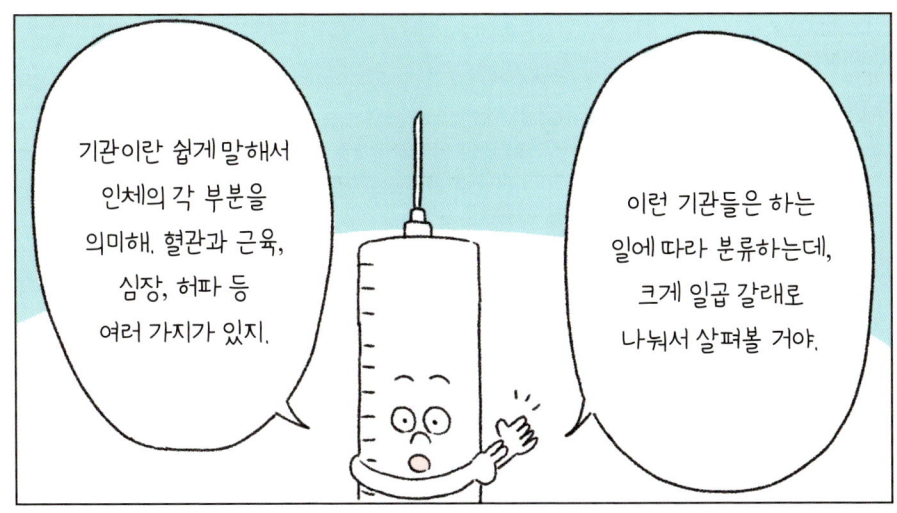

인체 기관의 분류

뼈·근육

머리뼈, 위팔 두갈래근 등

소화계
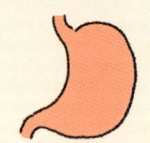 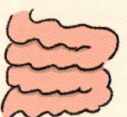
위, 작은창자 등

호흡계
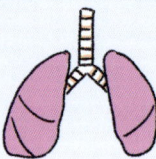
기관지, 허파 등

순환계
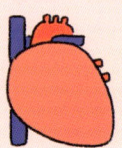
심장, 혈관 등

비뇨계
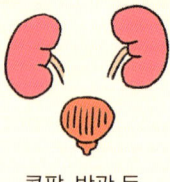
콩팥, 방광 등

신경계
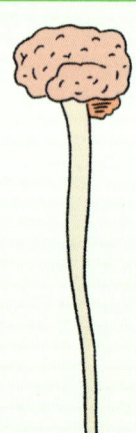
뇌, 척수 등

감각계

눈, 귀 등

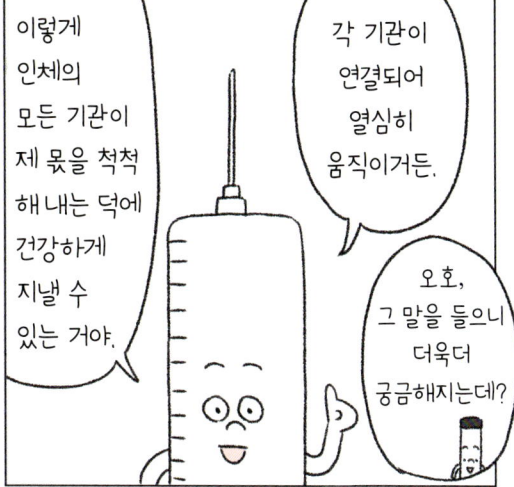

오늘의 등장인물

주사기 타로
주사기의 윗부분으로 형제 중 형. 인체 공부를 열심히 하는 모범생이다.

주사기 지로
주사기의 아랫부분으로 형제 중 동생. 인체에 대해 아는 것이 별로 없다.

작가의 말

몸은 나 자신과 가장 가까이 있어요. 하지만 몸속을 직접 볼 수는 없으니 모르는 것이 참 많죠? 기침은 왜 할까? 긴장하면 왜 심장이 두근대며 빠르게 뛸까? 똥은 어떻게 만들어질까? 등등…….
이 책을 읽고 나면 인체의 구조와 기능에 대해 자세히 알 수 있게 될 거예요. 누군가에게 알려 주고 싶어서 입이 근질근질해질 만큼이요. 자, 그러면 주사기 형제와 함께 인체 박사가 되어 봅시다!

우에타니 부부

 차례

들어가며 • 2
책 사용 설명서 • 8

1장

(만화) 뼈, 근육이란? • 10   뼈 • 12   (만화) 관절 • 16
근육 • 18   (만화) 속근과 지근 • 20
〈주사기 형제의 그렇구나 칼럼〉 근육통과 골절 • 22

2장

(만화) 소화계란? • 24   입 • 28   (만화) 혀와 침 • 30   식도 • 31
위 • 32   작은창자 • 34   큰창자 • 36   (만화) 똥이 되기까지의 기나긴 여정 • 38
간 • 40   쓸개·이자 • 42   (만화) 소화액 대결 • 44
〈주사기 형제의 그렇구나 칼럼〉 악성 종양, '암'은 어떤 병일까? • 46

3장

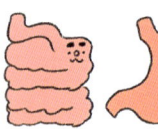

(만화) 호흡계란? • 48   코 • 50   목구멍(인두·후두) • 52   기관·기관지 • 54
(만화) 기관의 방어 기능 • 55   허파 • 56   (만화) 공기가 지나는 길 • 58
〈주사기 형제의 그렇구나 칼럼〉 기침, 재채기, 딸꾹질은 왜 나오는 걸까? • 60

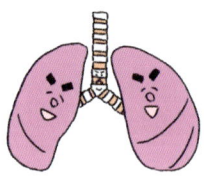

4장 순환계

- 만화 순환계란? • 62   심장 • 66   만화 심장 • 68
- 혈액 • 70   혈관 • 72   림프관·림프액 • 74

〈주사기 형제의 그렇구나 칼럼〉 '생활 습관병'이란 어떤 병일까? • 76

5장 비뇨계·생식계

- 만화 비뇨계·생식계란? • 78   콩팥 • 82   방광 • 84   생식기(남성) • 86
- 생식기(여성) • 87   만화 남성? 아니면 여성? • 88

6장 신경계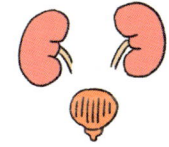

- 만화 신경계란? • 90   뇌 • 94   만화 기억 • 98   척수 • 100
- 만화 말초 신경 • 102   말초 신경 • 105

〈주사기 형제의 그렇구나 칼럼〉 시냅스의 정보 전달 구조 • 106

7장 감각계

- 만화 감각계란? • 108   눈 • 110   만화 '본다'는 것 • 112   귀 • 114
- 피부 • 116   만화 민감한 감각 • 118   털 • 120   손톱 • 121

〈주사기 형제의 그렇구나 칼럼〉 에취! 알레르기란? • 122

나오며 • 123

찾아보기 • 124

참고문헌 • 127

★책 사용 설명서★

주요 기관의 이름과 위치
각 인체 기관 중 주요 기관의 이름과 위치를 한눈에 볼 수 있도록 일러스트를 실은 곳.

만화
여러 인체 기관이 하는 일 등을 만화로 설명하는 곳.

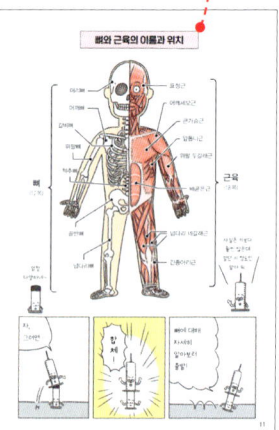

이름
각 기관의 이름과 종합적인 정보를 알려 주는 곳.

잡다한 이야기들

좀 더 깊은 이야기
기관들이 하는 일과 분류를 한층 자세히 소개하는 곳.

아는 척하고 싶은 이야기
누군가에게 알려주고 싶어지는 신기하고도 재미있는 이야기가 실린 곳. 다 읽고 나면 오늘부터 나도 인체 박사!

일상의 이야기
'뜨거운 음식을 먹을 때 콧물이 나오는 이유'처럼 일상에서 시시때때로 겪는 현상의 원리를 알 수 있는 곳.

특징
해당 기관의 대단한 점이나 재미있는 특징을 설명해 주는 곳.

일러두기 책 속에 나오는 용어들은 교과서 편수 자료를 참고하였으며, 편수 자료에 없는 용어는 대한의사협회 의학용어위원회의 의학용어를 참고했습니다.

우리 함께 인체의 신비를 탐험하러 가자!

주사기 형제

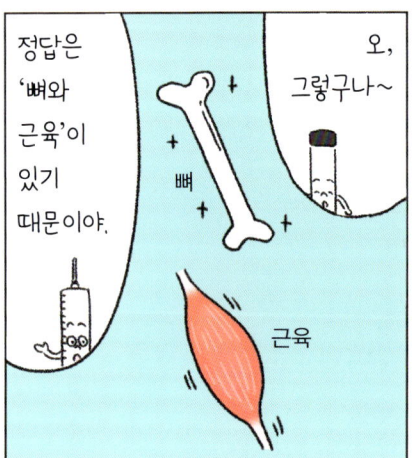

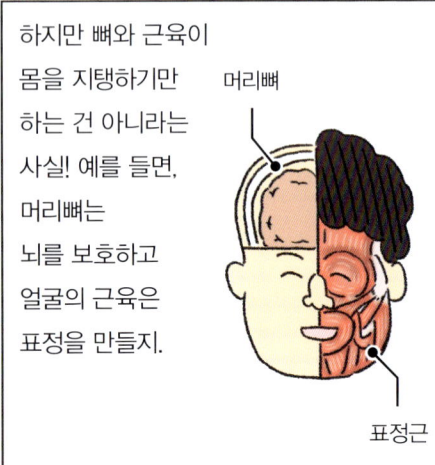

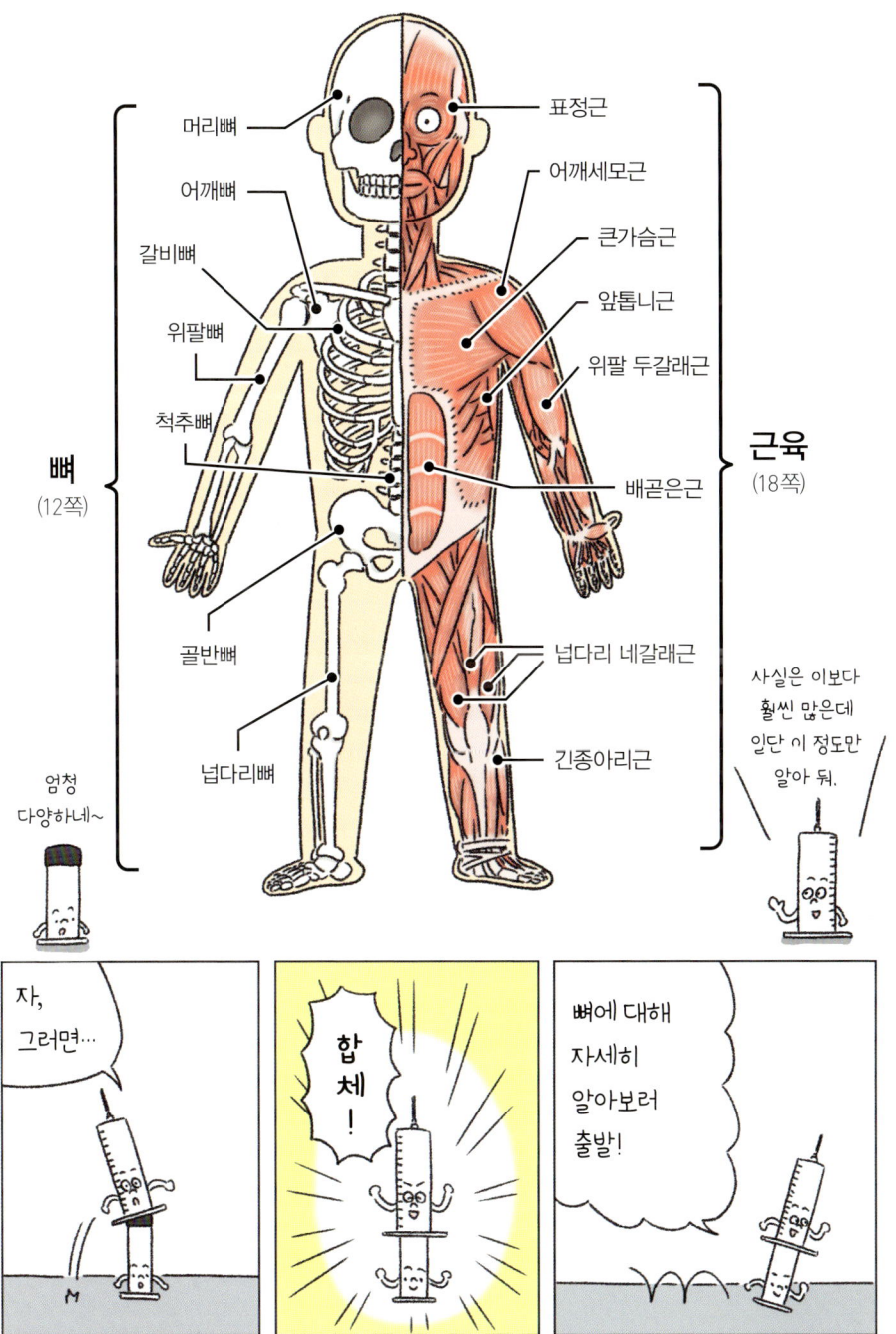

뼈는 몸의 형태를 이루는 토대로, 크고 작은 뼈 200여 개(성인 기준)가 각기 아주 다양한 역할을 하고 있다. 또, 단단하기에 변하지 않는다고 생각할 수 있지만, 실은 상당히 잘 부서지고 다시 만들어지는 '살아 있는' 기관이다.

뼈의 안쪽에는 혈관은 물론, 세포*가 있는데, 뼈가 단단한 것은 이 세포를 둘러싼 물질에 칼슘이 많이 포함되어 있기 때문이다.

* 우리 몸의 세포 수는 약 37조 개로, 근육 세포와 신경 세포 등 다양한 종류로 나뉜다.

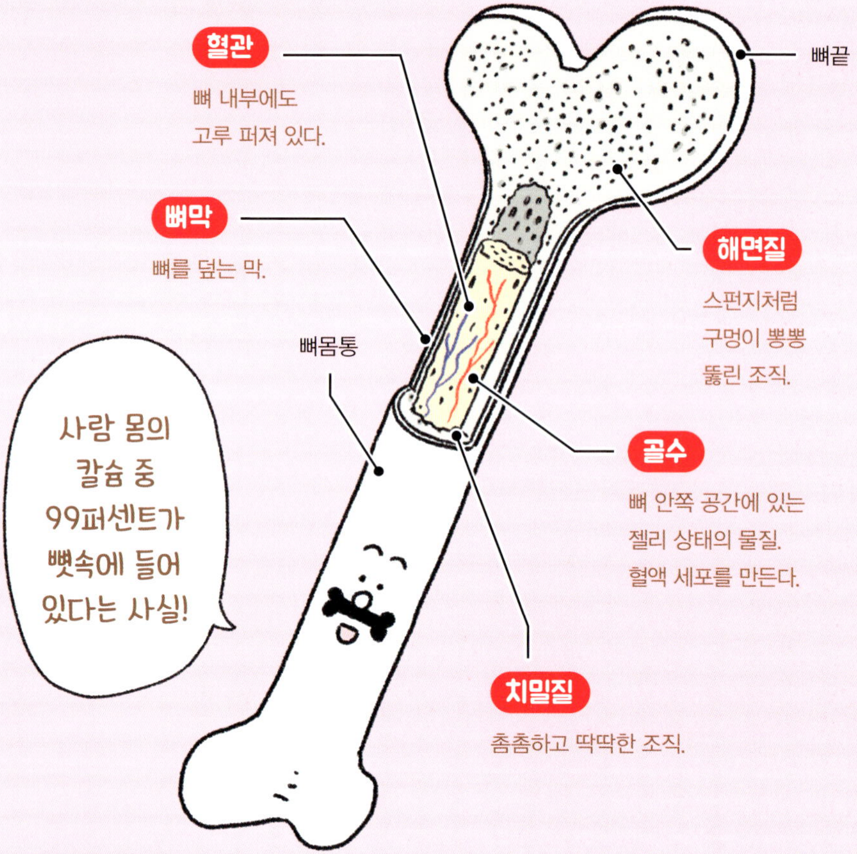

혈관
뼈 내부에도 고루 퍼져 있다.

뼈막
뼈를 덮는 막.

뼈몸통

뼈끝

해면질
스펀지처럼 구멍이 뽕뽕 뚫린 조직.

골수
뼈 안쪽 공간에 있는 젤리 상태의 물질. 혈액 세포를 만든다.

치밀질
촘촘하고 딱딱한 조직.

사람 몸의 칼슘 중 99퍼센트가 뼛속에 들어 있다는 사실!

뼈는 쉬지 않아

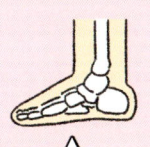
몸을 지탱한다.

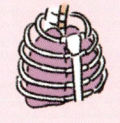
장기와 뇌를 보호한다.

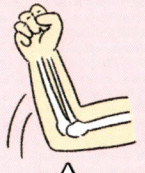
몸을 움직인다.

골수에서 혈액 세포를 만든다.

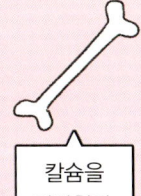
칼슘을 저장한다.

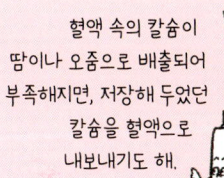
혈액 속의 칼슘이 땀이나 오줌으로 배출되어 부족해지면, 저장해 두었던 칼슘을 혈액으로 내보내기도 해.

이렇게 다양한 모양이?

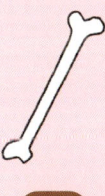
긴뼈
막대기처럼 가늘고 기다란 뼈.
(넙다리뼈, 위팔뼈 등)

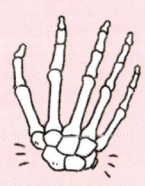
짧은뼈
돌멩이 같은 육면체 모양의 뼈.
(손목뼈, 발목뼈 등)

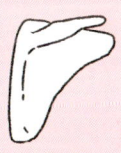
납작뼈
평평한 판자 모양의 뼈.
(어깨뼈 등)

공기뼈
안이 텅 빈 뼈.
(코 주변 같은 머리뼈의 일부분 등)

이렇게 다양한 길이가?

사람 몸에서 가장 긴 뼈는 허벅지에 있는 넙다리뼈로, 본인 키의 4분의 1정도이다. 한편 이름이 붙은 뼈 중에서 가장 짧은 건 귀 안에 있는 등자뼈인데, 약 3밀리미터이다.

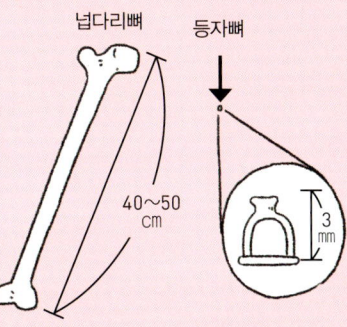

몸과 함께 자라는 뼈

일상의 이야기

영아

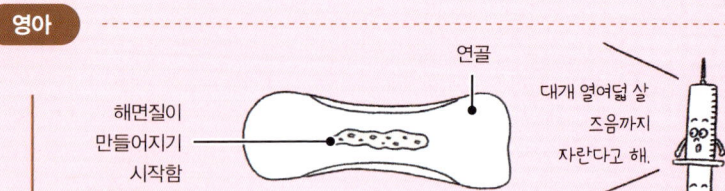

처음에는 거의 연골* 상태지만 중심부의 세포가 조골세포(뼈를 만드는 세포)로 바뀌면서 점점 단단해진다.

유아

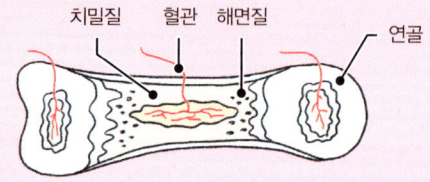

안에 혈관이 있다. 연골이 줄어들고, 치밀질과 해면질이 늘어난다. 전체적으로는 아직 부드러운 상태이다.

청소년

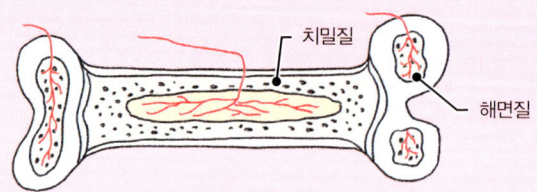

뼈가 굵고 길어지며, 말랑한 상태였던 뼈끝 부분도 점차 단단해진다.

성인

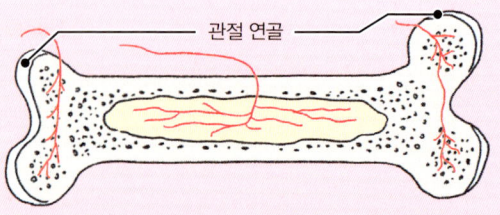

연골은 거의 사라지고(관절 주위에만 일부 남음) 성장이 멈춘다. 이후로는 뼈가 굵어지기는 해도 길어지지 않는다.

* 연골(물렁뼈): 탄력이 있고 연한 뼈. 일반적인 뼈와는 성분이 다르다.

어린이와 어른의 뼈 개수

영·유아기의 뼈 개수는 300개 이상! 하지만 성장하면서 뼈가 서로 달라붙기 때문에 성인이 될 무렵이면 약 200개로 줄어든다.

뼈도 다시 태어난다?

뼈는 길이 성장이 멈춘 후에도 계속 새로 만들어지며 교체된다. 약 3~5년에 걸쳐 온몸의 뼈가 새로운 뼈로 교체되곤 하는데, 이것을 '뼈 대사'라고 한다.

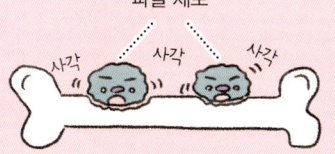

파골 세포는 오래된 뼈를 부수고, 뼛속의 성분을 혈액으로 내보낸다.

조골세포는 혈액 속의 칼슘 등을 사용해서 새로운 뼈를 만든다.

뼈가 푸석푸석, 골다공증

나이가 들면 뼈 대사의 균형이 무너져 새로운 뼈를 만드는 속도가 점점 늦어진다. 하지만 오래된 뼈가 부서지는 속도는 그대로여서 그사이 뼈에 구멍이 나고 약해지게 된다. 이런 증상을 '골다공증'이라고 한다.

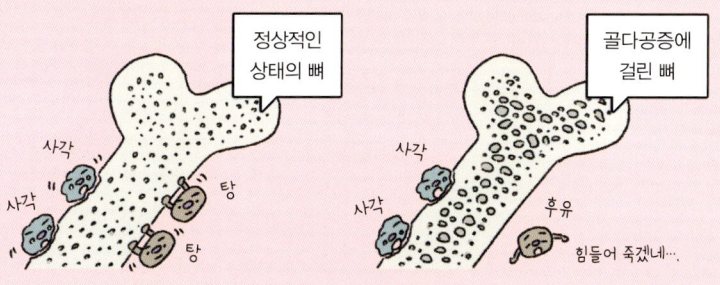

아는 척하고 싶은 이야기

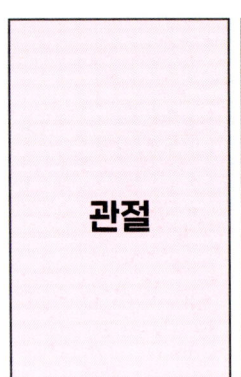

관절

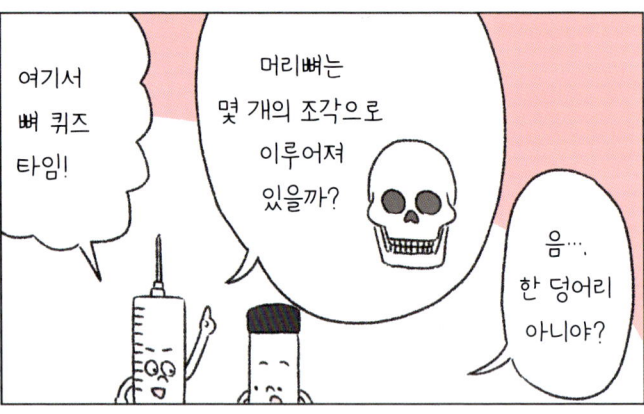

여기서 뼈 퀴즈 타임!

머리뼈는 몇 개의 조각으로 이루어져 있을까?

음…. 한 덩어리 아니야?

땡!

정답은 스물세 개야.

그렇게 많다고?!

머리뼈를 자세히 보면 곳곳에 가 있는 금이 보일 거야. '봉합선'이라는 건데, 뼈들이 맞물리는 자리에 생긴 거지.

옆에서 본 머리뼈

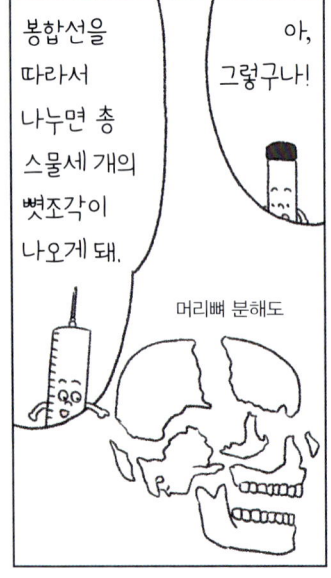

봉합선을 따라서 나누면 총 스물세 개의 뼛조각이 나오게 돼.

아, 그렇구나!

머리뼈 분해도

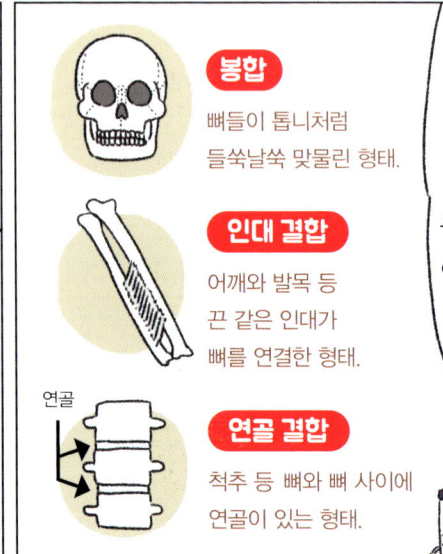

봉합
뼈들이 톱니처럼 들쑥날쑥 맞물린 형태.

인대 결합
어깨와 발목 등 끈 같은 인대가 뼈를 연결한 형태.

연골 결합
척추 등 뼈와 뼈 사이에 연골이 있는 형태.

연골

뼈가 맞물리는 방식은 봉합 말고도 이런 것들이 더 있어.

지금까지는 뼈와 뼈가 움직이지 않도록 고정된 상태를 본 거야. 그런데 연결되어 있어도 움직일 수 있는 형태가 있어. 그걸 '관절'이라고 해.

관절 부분의 뼈는 관절낭이나 인대로 연결되어 있어. 덕분에 부드럽게 움직이면서도 끊어지지 않지.

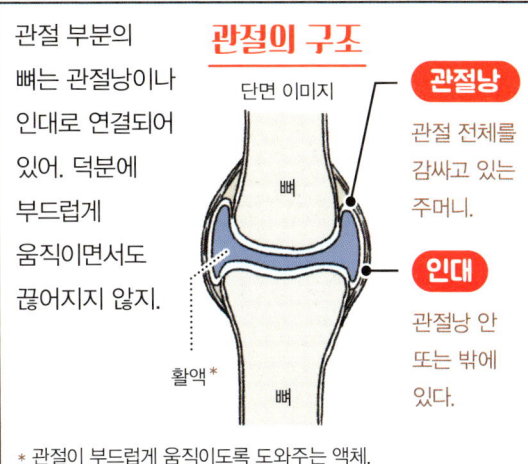

관절의 구조

단면 이미지

관절낭 — 관절 전체를 감싸고 있는 주머니.

인대 — 관절낭 안 또는 밖에 있다.

* 관절이 부드럽게 움직이도록 도와주는 액체. (활액)

주요 관절의 종류

중쇠 관절
뼈와 뼈가 세로로 만나 회전하는 방식으로, 한쪽 뼈가 축이 된다 (목뼈 관절, 팔꿈치 관절 등).

안장 관절
말 위에 얹은 안장 같은 모양. 전후좌우로 자유롭게 움직인다 (엄지손가락의 뿌리 관절 등).

경첩 관절
문의 경첩 같은 모양새로, 한 방향으로만 움직일 수 있다 (무릎 관절 등).

절구 관절
전후좌우뿐 아니라 회전도 가능해서 움직이는 범위가 가장 넓다 (어깨 관절, 엉덩 관절 등).

참고로 사람 몸에는 260개가 넘는 관절이 있대.

엄청 많네?! 사람의 몸은 정말로 복잡하구나.

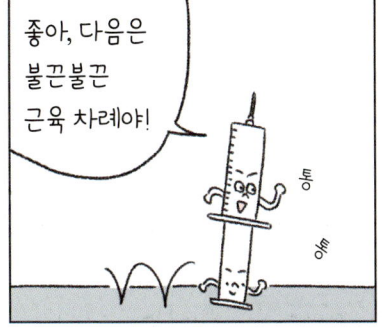

좋아, 다음은 불끈불끈 근육 차례야!

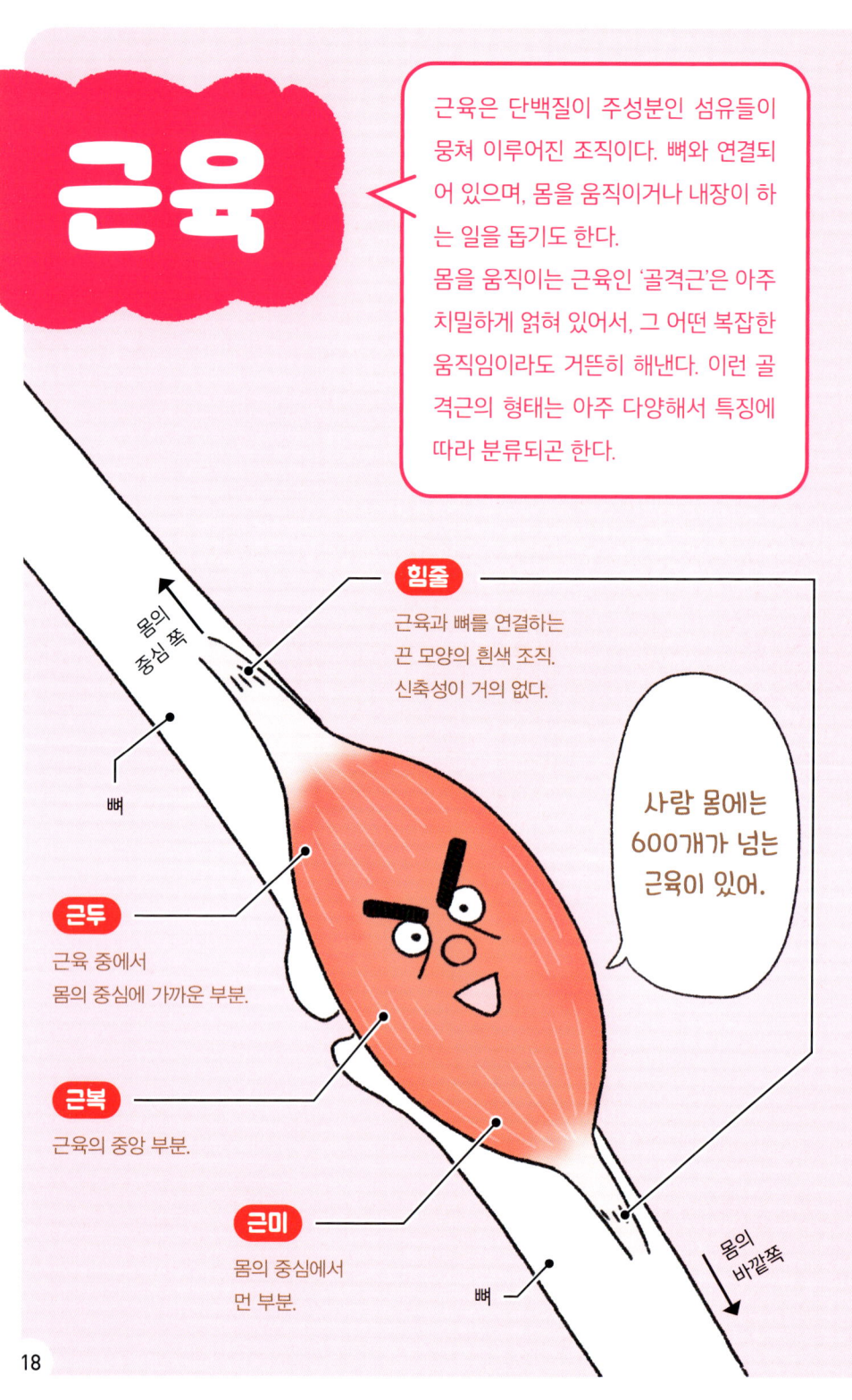

좀 더 깊은 이야기

근육은 크게 나누어 세 종류

골격근
일반적으로 떠올리는 근육. 뼈와 함께 몸을 움직인다. 자신의 의지로 움직일 수 있는 '수의근'이다.

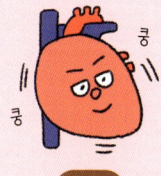
심근
심장 벽을 이루는 두꺼운 근육. 의지와 상관없이 움직이는 '불수의근'이다.

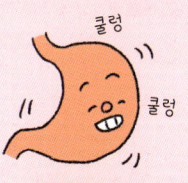
내장근
위와 장 등의 내장 벽을 이루는 근육. 심근과 마찬가지로 '불수의근'이다.

골격근을 더 포개 보면…

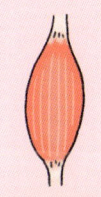
방추상근
가장 기본적인 모양.
(위팔근* 등)

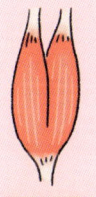
두갈래근
근두가 두 개인 모양.**
(위팔 두갈래근 등)

깃근육
새의 날갯짓처럼 생긴 모양.
(긴종아리근 등)

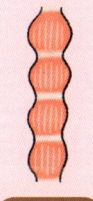
다근복근
근복이 여러 개인 모양.
(배곧은근 등)

톱니근
톱니 같은 모양
(앞톱니근 등)

* 위팔 두갈래근보다 안쪽에 있는 근육.   ** 세갈래근, 네갈래근도 있음.

아는 척하고 싶은 이야기

근육 파열이란?

준비 운동 없이 갑작스럽게 움직여서 근육의 일부가 끊어지거나 찢어진 상태. 완치되기까지 대략 3~5주의 시간이 걸릴 수도 있다.

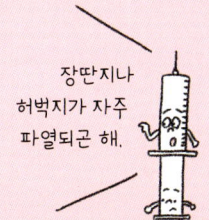

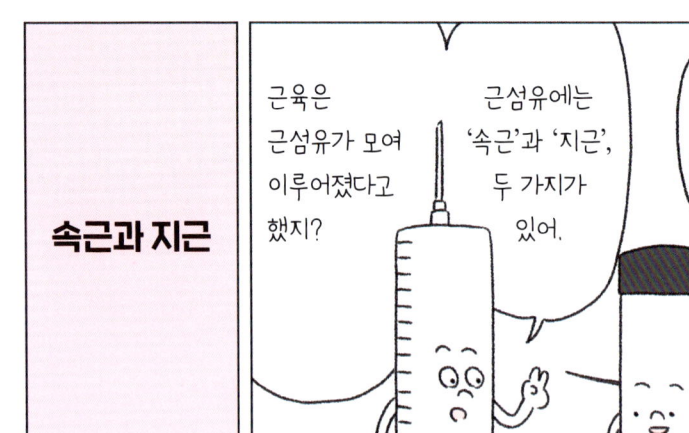
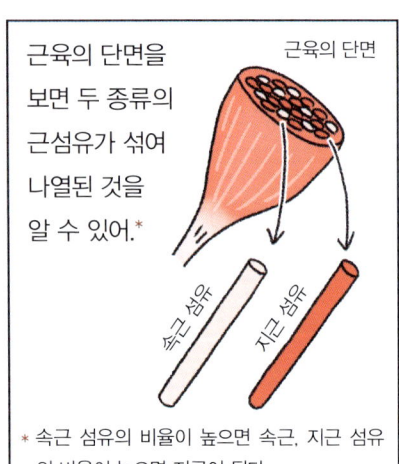

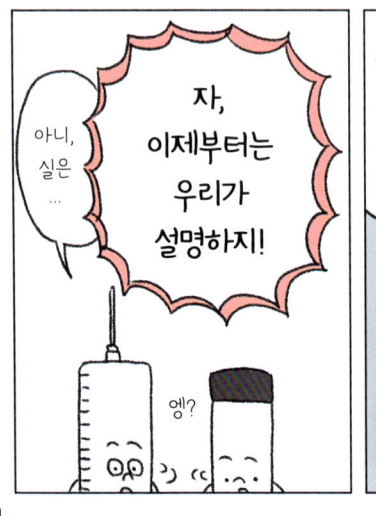

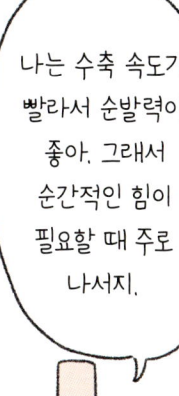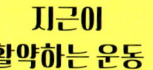

근육통과 골절

뼈와 근육이 입는 대표적인 부상으로는 '근육통'과 '골절'이 있어.

근육통은 근섬유가 손상을 입어 염증이 생기거나 부었을 때, 통증을 느끼게 하는 물질이 나오면서 생기게 돼. 근섬유 자체는 통증을 느끼지 않지만 이 물질이 근육을 덮고 있는 막에 닿아 '아야!' 하고 아픔을 느끼게 되는 거지. 그러니까 실제로 근섬유가 손상을 입은 후 통증을 느끼기까지는 시간이 좀 걸린다는 뜻!

특히 물건을 내려놓거나 근육을 늘리는 운동을 할 때 생기기 쉬운 증상이야. 급식 당번이 되면 우유가 든 무거운 상자를 옮겨야 할 때가 있지? 이런 동작이 근섬유를 자극하기 쉬우니까 조심하며 천천히 움직이는 게 좋아.

골절은 간단히 말하면 뼈가 부러진 상태야. 가로로 뚝 끊어지는 '횡골절', 비스듬히 끊어지는 '사골절', 비뚤비뚤 부러지는 '나선 골절', 금만 가고 뼈가 부러진 것은 아닌 '균열 골절', 눌리면서 찌그러지는 '압박 골절', 뼈의 일부가 떨어져 나간 '박리 골절', 뼈가 바스러진 '분쇄 골절', 뼈 말고 다른 조직도 손상되는 '복합 골절', 뼈만 부러지는 '단순 골절', 여러 번의 충격을 받아 생기는 '피로 골절' 등 종류가 너무너무 많아.

골절이 나으려면 뼈가 붙을 때까지 깁스로 고정하거나, 수술로 몸 안에 금속 나사나 판 등을 넣어 뼈를 지지하는 방법이 있어. 우리 몸에는 새 뼈를 만드는 힘이 있어서 잘 맞대어 고정해 두면 부러진 부분이 자연스레 붙게 돼.

15쪽에서 잠깐 나왔지만, 뼈가 푸석푸석해지는 '골다공증'도 뼈에 생기는 대표적인 질병 중 하나야. 인체는 항상 오래된 뼈를 대체할 새 뼈를 만들어 내. 그런데 뼈를 만들려면 칼슘이 꼭 필요하고, 칼슘이 부족하면 뼈를 만드는 일과 파괴하는 일 사이의 균형이 깨지지. 그러면 골다공증이 생길 위험도 커지는 거야. 골다공증이 생기면 재채기만으로도 뼈가 부러질 수 있으니 평소에 칼슘을 충분히 섭취하고, 적당히 햇볕을 쬐고, 적절하게 운동하면서 뼈를 튼튼하게 만들도록 해.

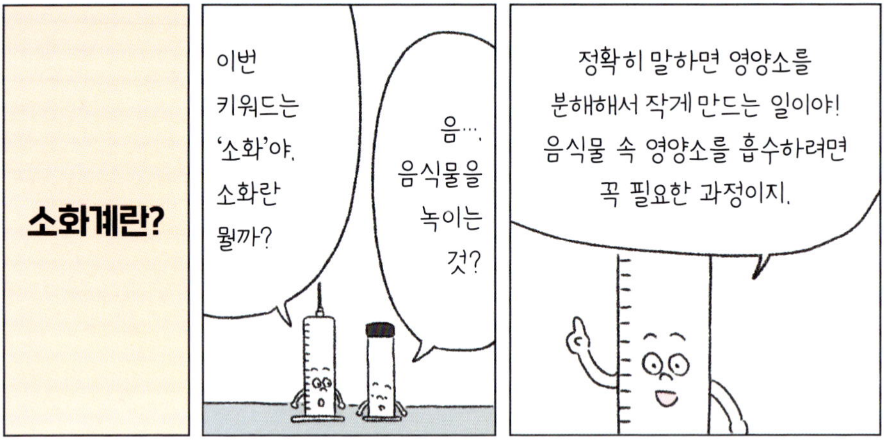

소화계란?

사람에게 필요한 필수 영양소

사람이 살아가는 데에는 다음의 여섯 가지 영양소가 꼭 필요하다.

단백질
내장, 근육, 혈액 등을 만드는 원료이다.

탄수화물
몸을 움직이는 에너지가 된다. 당질, 식이 섬유를 아울러 이르는 말.

지방
체온을 유지하고 힘의 근원이 된다.

이 세 가지를 '3대 영양소'라고 한다.

미네랄
뼈, 털, 피부의 일부를 구성하고, 신경과 근육이 제 기능을 하도록 돕는다.

비타민
탄수화물을 에너지원으로 바꾸는 등 몸 안에서 일어나는 화학 변화를 돕는다.

수분
사람 몸의 약 60퍼센트는 수분! 수분이 부족하면 며칠 안에 사망할 수 있다.

수분을 영양소로 포함하지 않는 경우도 있지만, 필수 요소임은 분명해.

아하!

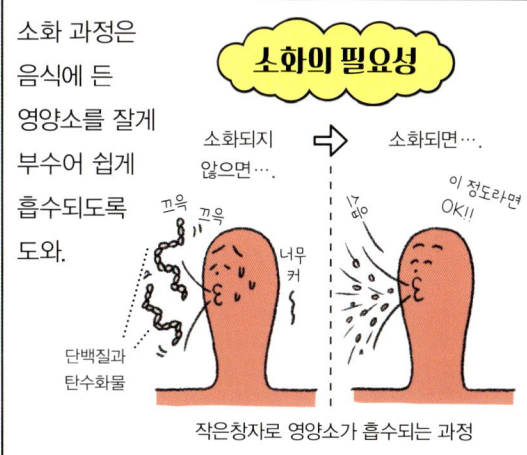

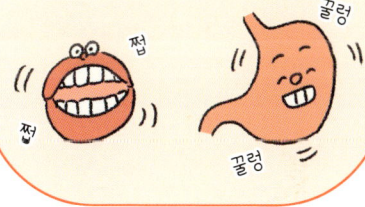
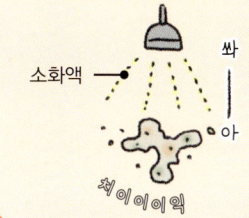

* 침에 들어 있는 소화 효소. ** 위에서 분비되는 소화 효소.

영양소를 소화하거나 흡수하는 기관을 아울러서 '소화계'라고 불러.

소화계의 이름과 위치

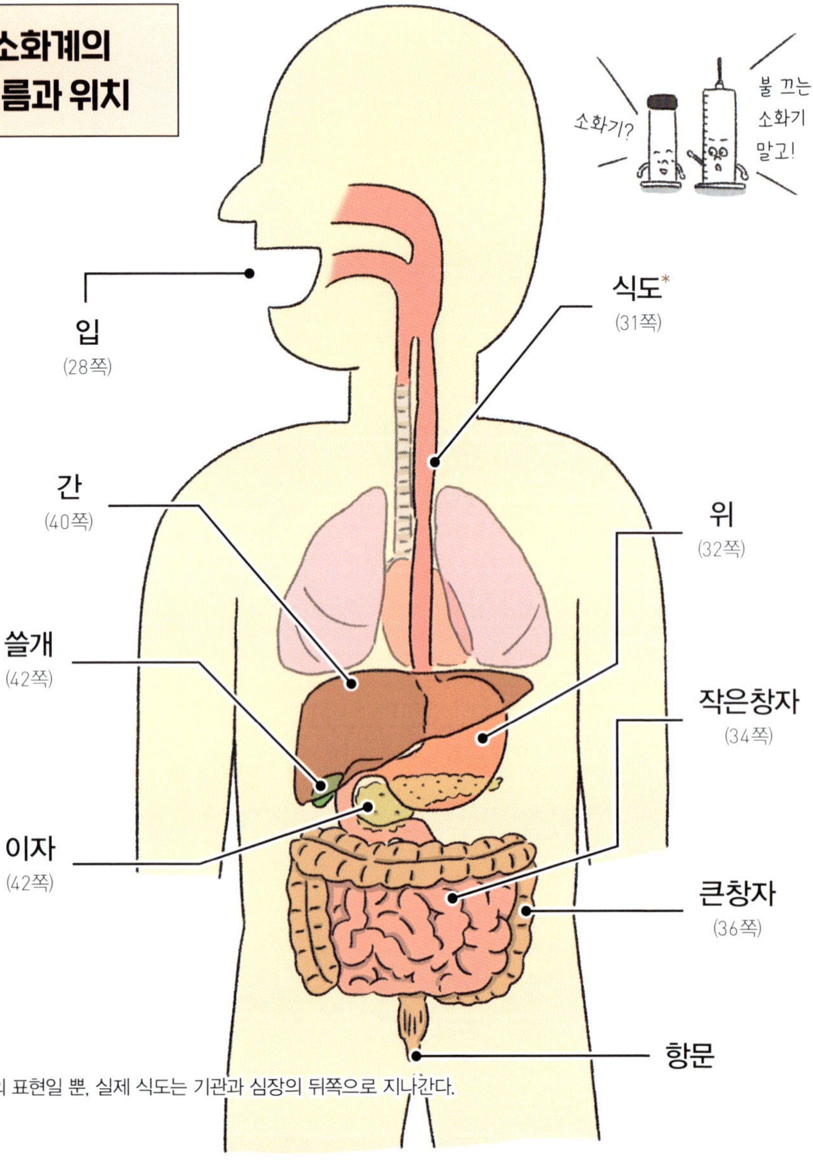

- 입 (28쪽)
- 식도* (31쪽)
- 간 (40쪽)
- 위 (32쪽)
- 쓸개 (42쪽)
- 작은창자 (34쪽)
- 이자 (42쪽)
- 큰창자 (36쪽)
- 항문

소화기? 불 끄는 소화기 말고!

* 그림상의 표현일 뿐, 실제 식도는 기관과 심장의 뒤쪽으로 지나간다.

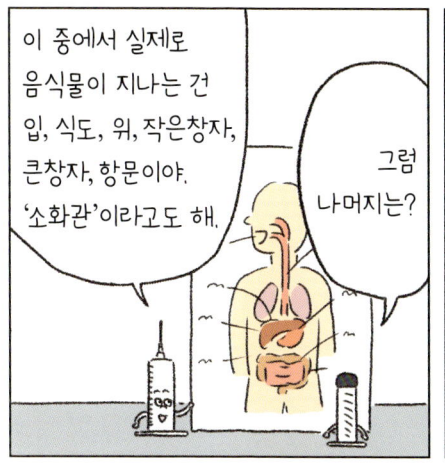
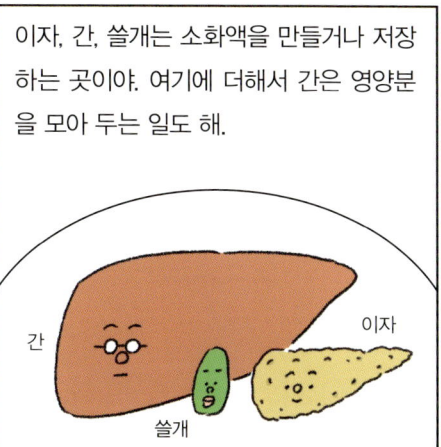

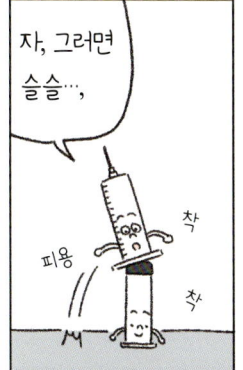

입

입은 소화의 시작점이다. 이, 혀, 침 등 소화를 돕는 기관과 요소를 갖추었으며, 음식물을 씹고 부수기 위한 근육도 발달했다. 더욱이 이와 혀, 입술은 소리를 내는 역할까지 하기 때문에 아주 중요한 기관이라고 할 수 있다.
참고로 입에서 목까지 이어지는 입안 부분을 전문 용어로 '구강*'이라고 부르기도 한다.

* 구강의 '강'은 '비어 있는 공간'이라는 뜻.

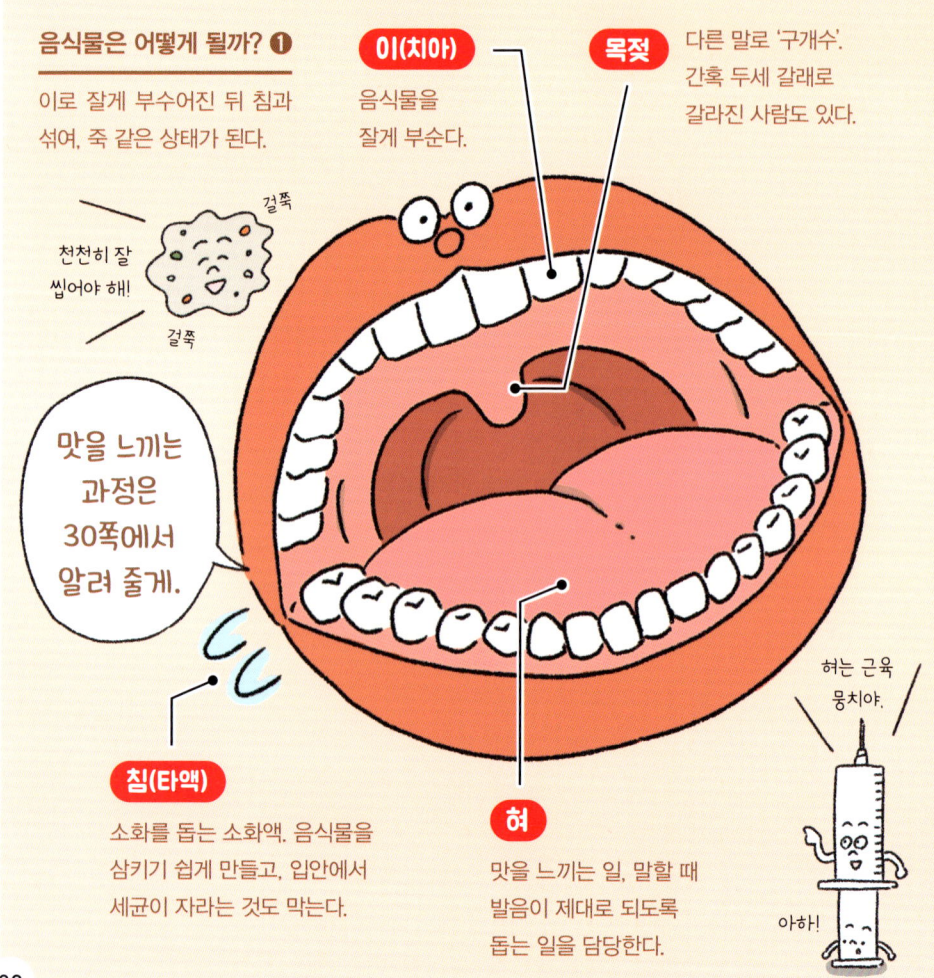

음식물은 어떻게 될까? ❶
이로 잘게 부수어진 뒤 침과 섞여, 죽 같은 상태가 된다.

이(치아)
음식물을 잘게 부순다.

목젖
다른 말로 '구개수'. 간혹 두세 갈래로 갈라진 사람도 있다.

천천히 잘 씹어야 해!
걸쭉
걸쭉

맛을 느끼는 과정은 30쪽에서 알려 줄게.

침(타액)
소화를 돕는 소화액. 음식물을 삼키기 쉽게 만들고, 입안에서 세균이 자라는 것도 막는다.

혀
맛을 느끼는 일, 말할 때 발음이 제대로 되도록 돕는 일을 담당한다.

혀는 근육 뭉치야.
아하!

좀 더 깊은 이야기

나이에 따른 이의 개수

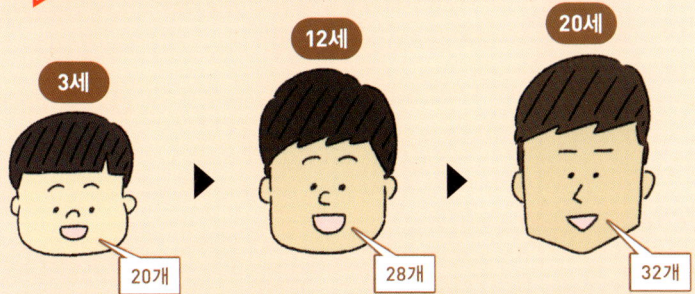

3세 — 20개
생후 6개월 무렵부터 유치가 나기 시작해, 만 3세쯤이면 전부 나온다.

12세 — 28개
6세 무렵부터 나는 영구치로 유치가 모두 이갈이 된다.

20세 — 32개
어금니 뒤쪽으로 사랑니가 나오고, 이미 난 영구치는 가지런히 자리잡는다.

일상의 이야기

충치가 생기는 과정

충치가 되면 예전으로 돌아갈 수 없어! 꼼꼼한 양치질로 미리미리 충치를 막자!

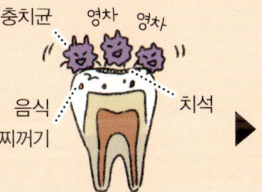 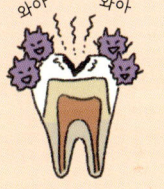 

① 충치균이 음식 찌꺼기에 달라붙어 균 덩어리인 '치석'을 만든다.

② 치석에서 나오는 산이 이를 녹여 조금씩 구멍을 낸다.

③ 충치가 안쪽의 신경까지 닿아 엄청난 통증을 일으킨다.

아는 척하고 싶은 이야기

이는 나의 신분증

치아는 지문처럼 사람마다 다르다. 그래서 사건이나 재해 때, 신원 확인 수단이 되기도 한다.

내 혀가 제일 특이할걸?

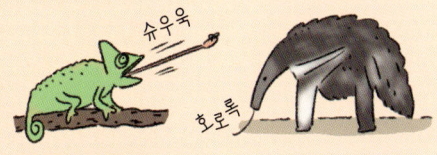

카멜레온의 혀는 제 몸 길이의 1.5배! 혀끝에서 나오는 끈적끈적한 액으로 벌레를 잡는다.

큰개미핥기의 혀는 60센티미터나 되며, 개미집에 긴 코와 혀를 넣어 개미 사냥을 한다.

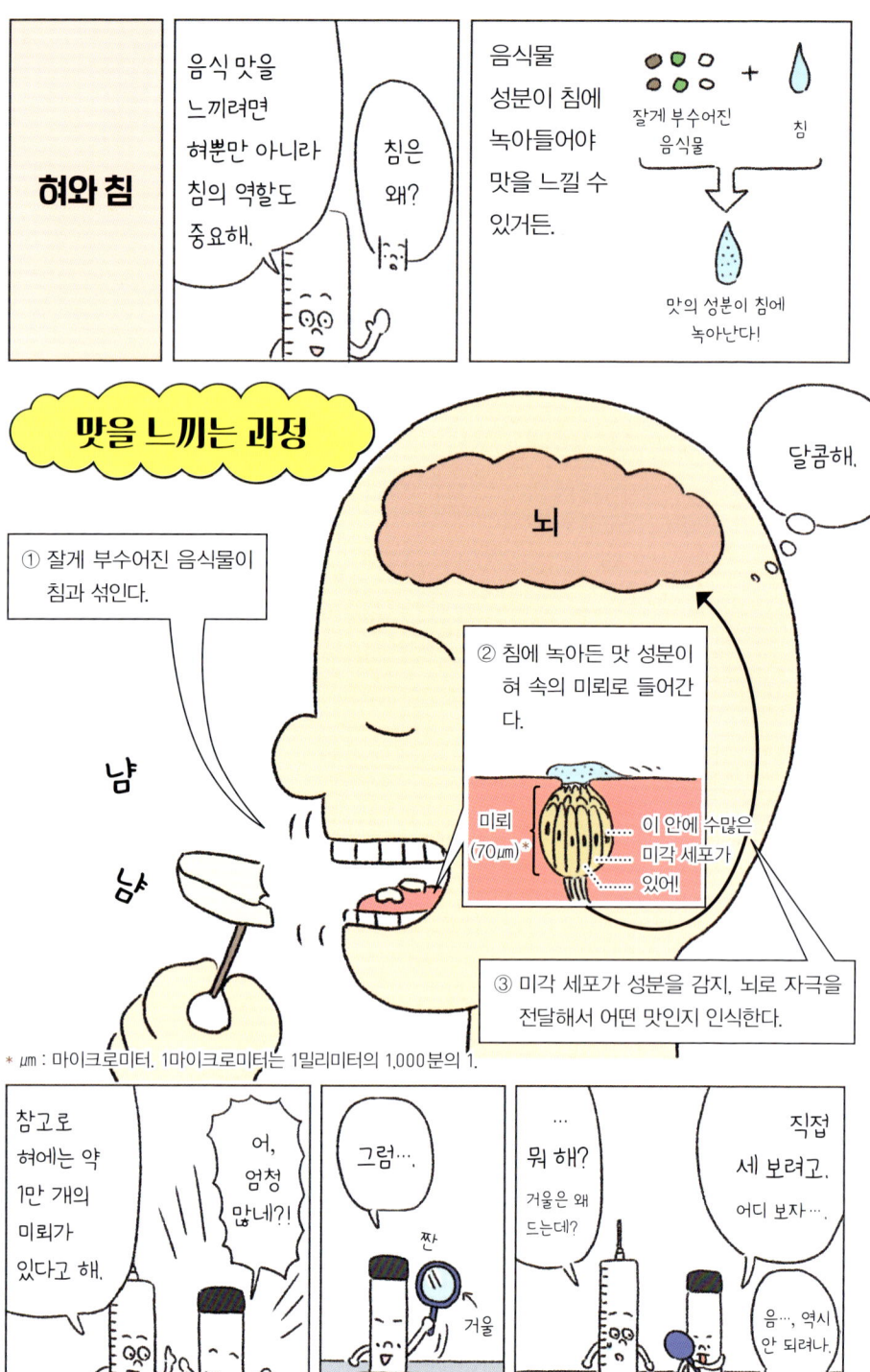

식도

목구멍과 위를 잇는 길이 약 25~30센티미터의 가늘고 긴 관으로, 입에 들어온 음식물을 위로 운반한다.
식도에는 유독 가느다란 지점이 세 군데 있는데, 이들 '협착부'에는 음식물이 걸리기 쉽다.

목구멍 ↑

제1협착부

제2협착부

소화 능력은 없어~

제3협착부

위 ↓

좀 더 깊은 이야기

식도의 구조

겹겹의 층 모양으로, 음식물이 잘 지나갈 수 있도록 돕는 점액이 가장 안쪽 벽에서 분비된다.

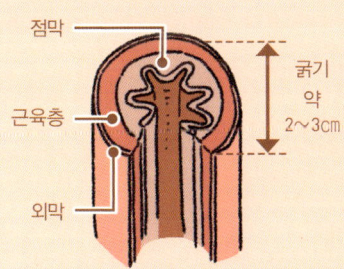

점막, 근육층, 외막
굵기 약 2~3cm

기관(숨관)과의 관계

식도와 기관은 몸 앞뒤에 나란히 자리하고 있다. 하지만 목구멍의 움직임에 따라 음식물은 식도를, 공기는 기관을 타고 이동한다.

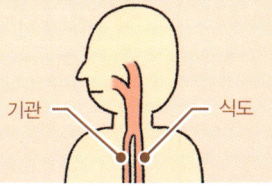

기관, 식도

음식물은 어떻게 이동할까?

음식물은 늘어났다 줄어들었다* 하는 식도 덕분에 이동한다.

* 이것을 '연동 운동(꿈틀 운동)'이라고 한다.

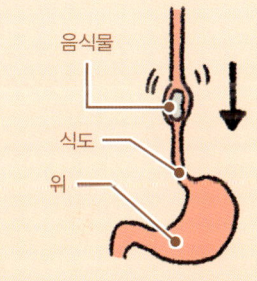

음식물, 식도, 위

일상의 이야기

연동 운동 덕분에 물구나무를 서 있거나 조는 상태라도 음식물이 위로 이동할 수 있다.

※ 따라하지 말 것!

위

위는 식도와 이어지는 장기로, 주머니처럼 생긴 탓에 '위주머니'라 부르기도 한다. 주요 역할로는 다음의 두 가지가 있다.

- 음식물을 잠시 모아 둔다.
- 위액으로 음식물을 살균 및 소화한다.

위에서 걸쭉하게 변한 음식물은 작은창자로 조금씩 이동한다. 하지만 위는 음식물 분해할 뿐, 영양소는 흡수하지 않는다.

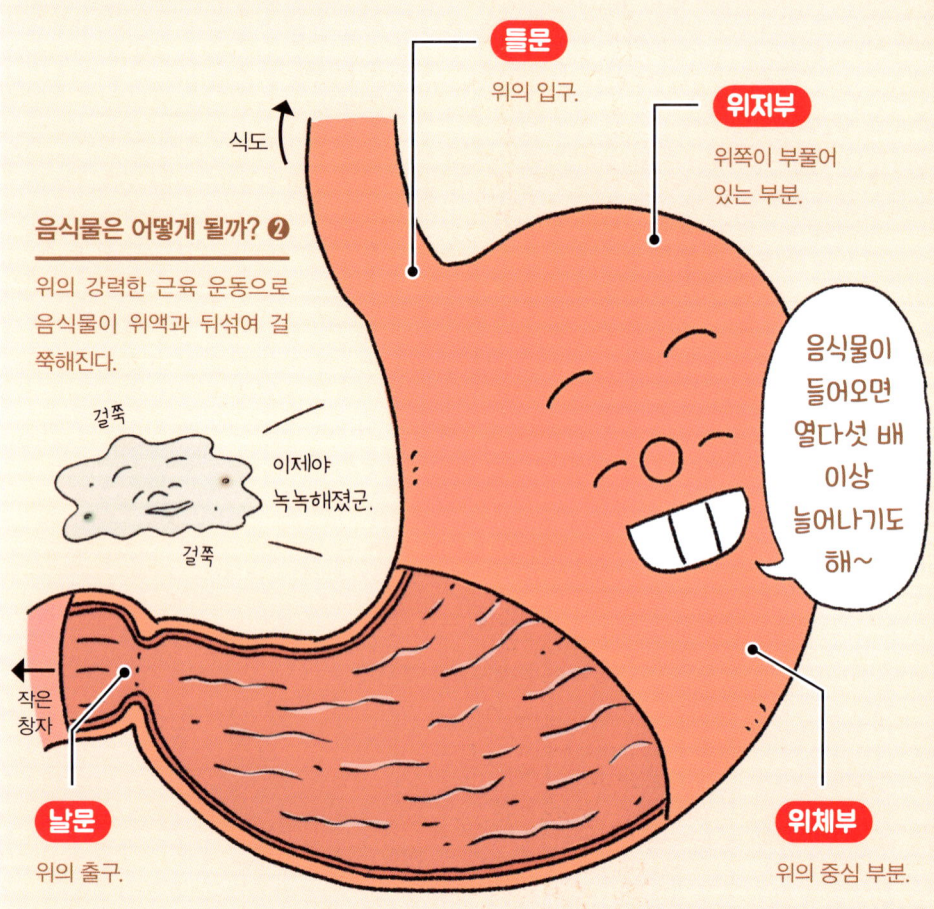

좀 더 깊은 이야기

위액이란?

위 점막에서 나오는 강산성의 소화액이다. 소화를 도울 뿐 아니라 살균 능력도 있어서 위 속에 있는 음식물이 썩지 않게 한다.

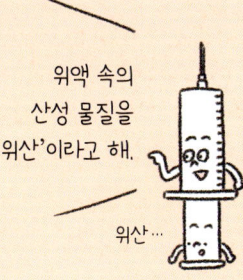

위액 속의 산성 물질을 '위산'이라고 해.

위산…

위벽의 구조

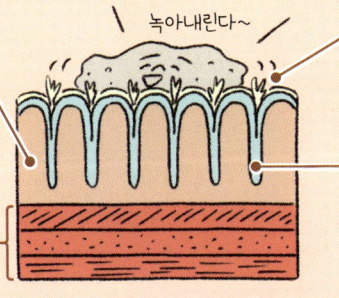

녹아내린다~

점막
위액과 점액이 나오는 곳.

위액
소화 효소와 위산을 포함한다.

점액
위액으로부터 위 표면을 보호.

근육층

⇩

위의 근육은 3층 구조! 각각 세로, 가로, 대각선으로 움직이며 음식물을 이리저리 뒤섞는다.

바깥쪽
↓
안쪽

종주근 (세로로 움직임)
윤주근 (가로로 움직임)
사주근 (대각선으로 움직임)

일상의 이야기

배에서 꼬르륵 소리가!

위는 비어 있으면 속을 더욱 깨끗이 하려고 연동 운동을 한다. 이때 안에 차 있던 공기가 위와 장 벽을 눌러 소리가 나는 것!

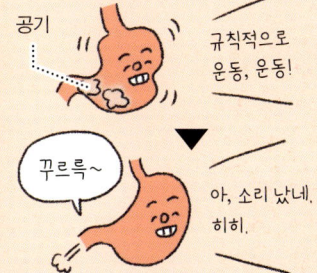

공기
규칙적으로 운동, 운동!
꾸르륵~
아, 소리 났네. 히히.

위에 구멍이 났다?

세균 감염이나 스트레스 등으로 위 기능이 떨어지면 위액 때문에 위벽이 녹는 '위궤양'이 생긴다. 위궤양이 생기면 위에 구멍이 난 것처럼 보이기도 하지만, 실제로 그렇게 되는 일은 드물다.

위궤양의 원인

헬리코박터균   흡연·음주   스트레스

작은창자

작은창자(소장)는 소화관 중에서도 소화와 흡수가 가장 활발하게 일어나는 곳! 약 6미터 길이의 장기가 뱀이 똬리를 뜬 것처럼 구불구불 꼬여 있고, 크게 샘창자, 빈창자, 돌창자로 구분된다.
작은창자는 장기를 지나는 음식물에서 영양소를 흡수하는데, 벽에 난 미세 돌기 덕분에 더욱 잘 흡수할 수 있다.

음식물은 어떻게 될까? ❸

소화 과정을 한 번 더 거친 뒤, 남은 수분과 영양소가 흡수된다.

스-읍
아아, 흡수된다~
치이이이익

샘창자 (십이지장)

시작점에서 약 25센티미터 부근까지의 부분. 간과 이자에서 분비된 소화액이 모이는 곳이기도 하다 (자세한 것은 43쪽으로).

이자
위

십이지장은 손가락 열두 개만큼의 두께와 같다고 해서 붙은 거야.

돌창자 (회장)
작은창자 전체 길이의 약 60퍼센트를 차지한다.

빈창자 (공장)
작은창자 전체 길이의 약 40퍼센트를 차지한다.

미세한 돌기 때문에 울퉁불퉁한 안쪽 벽.

← 큰창자

좀 더 깊은 이야기

자글자글한 작은창자의 단면과 구조

'융털'이라는 작은 돌기가 있는 작은창자의 안쪽 벽은 구불구불하게 주름이 져 있다. 즉, 이완하면 표면적이 커져서 영양소가 한층 더 쉽게 흡수된다.

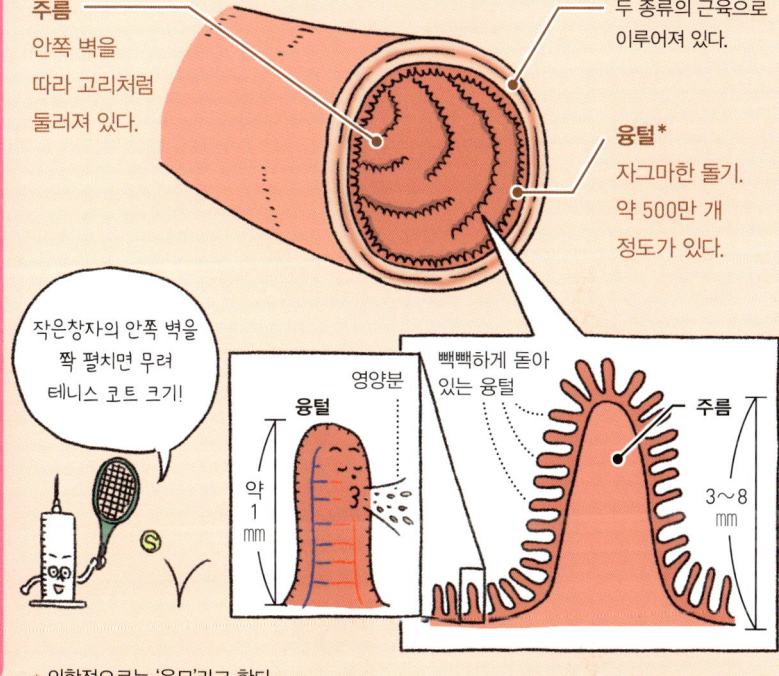

주름 안쪽 벽을 따라 고리처럼 둘러져 있다.

두 종류의 근육으로 이루어져 있다.

융털* 자그마한 돌기. 약 500만 개 정도가 있다.

작은창자의 안쪽 벽을 쫙 펼치면 무려 테니스 코트 크기!

* 의학적으로는 '융모'라고 한다.

아는 척하고 싶은 이야기

작은창자의 어두운 별명

작은창자는 좁고 긴 데다가 굽이쳐 있어서 구석구석 살펴보기 어려운 장기로 손꼽혔다. 그래서 '암흑 지대'라는 별명이 붙었지만, 지금은 '캡슐 내시경', '이중 풍선 소장 내시경' 등이 발명되어서 정밀한 검사가 가능해졌다. 암흑 지대라는 별명은 이제 옛말!

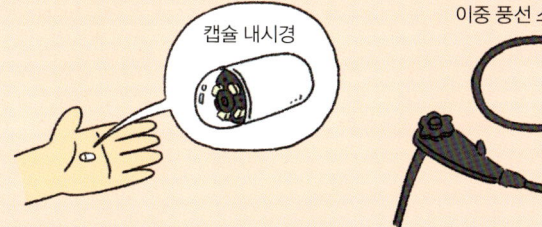

캡슐 내시경

이중 풍선 소장 내시경

큰창자

작은창자와 연결되는 큰창자(대장)는 소화관 끝에 있으며, 남은 수분의 마지막 흡수를 담당한다. 전체 길이는 약 1.5미터로 작은창자보다 약간 두껍고, 막창자, 잘록창자, 곧창자 세 부분으로 나뉜다.
작은창자를 지나며 영양분이 흡수된 음식물은 큰창자에서 수분마저 쏙 빼앗긴 뒤, 똥으로 배출된다.

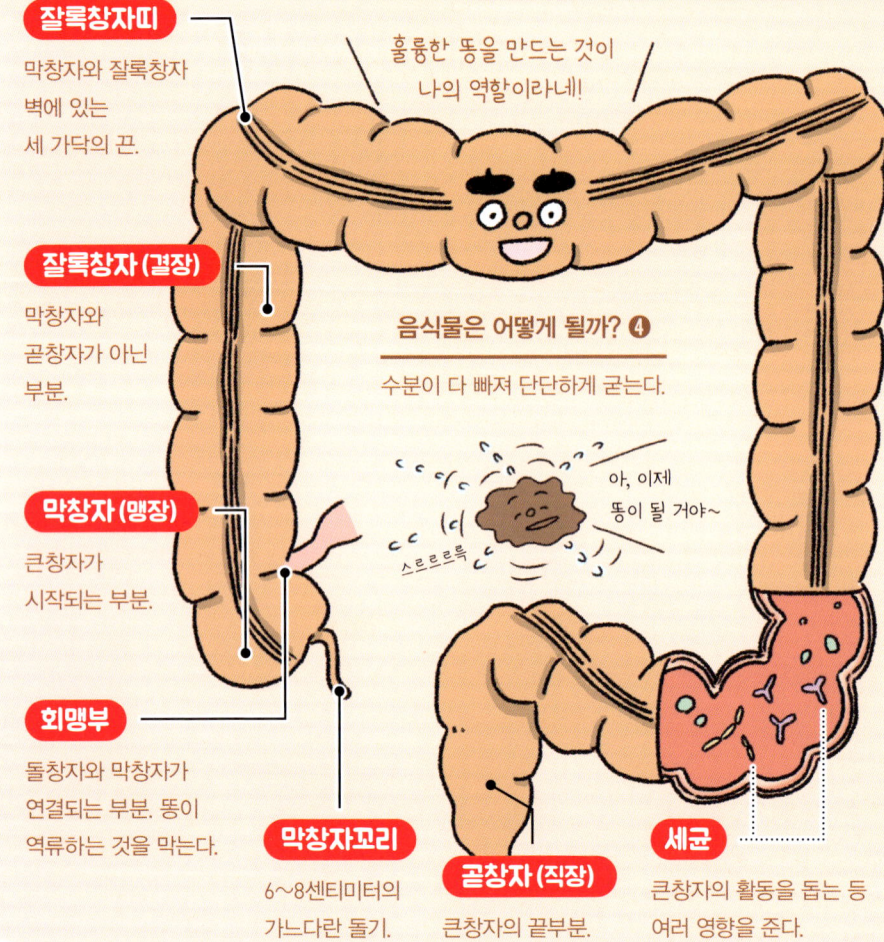

잘록창자띠
막창자와 잘록창자 벽에 있는 세 가닥의 끈.

잘록창자 (결장)
막창자와 곧창자가 아닌 부분.

막창자 (맹장)
큰창자가 시작되는 부분.

회맹부
돌창자와 막창자가 연결되는 부분. 똥이 역류하는 것을 막는다.

막창자꼬리
6~8센티미터의 가느다란 돌기.

곧창자 (직장)
큰창자의 끝부분.

세균
큰창자의 활동을 돕는 등 여러 영향을 준다.

훌륭한 똥을 만드는 것이 나의 역할이라네!

음식물은 어떻게 될까? ❹
수분이 다 빠져 단단하게 굳는다.

아, 이제 똥이 될 거야~
스르르르륵

일상의 이야기

'맹장'은 병명이 아니야!

종종 "맹장 수술했어"라고 하지만, 어디까지나 맹장은 큰창자의 일부분을 이르는 명칭! 맹장에서 튀어나온 막창자꼬리에 염증이 생기는 '충수염(막창자꼬리염)'을 '맹장염'이라고 잘못 부르고 있는 것이다.

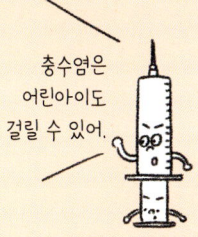

충수염은 어린아이도 걸릴 수 있어.

똥이 나오는 과정

① 곧창자에 다다른 똥이 벽을 자극한다.

② 자극이 뇌에 전달되어 '똥이 마렵다'고 인식한다.

③ 뇌가 신호를 보내면 항문 근육이 느슨해지고 똥이 나온다.

좀 더 깊은 이야기

똥, 이모저모

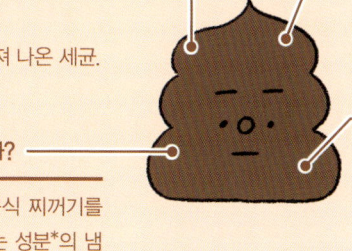

무엇으로 만들어질까?
- 식이 섬유 등 소화되지 않고 남은 음식 찌꺼기.
- 장 속의 세균.
- 장벽에서 떨어져 나온 세균.
- 수분 등등.

왜 구린내가 날까?

장 속 세균이 음식 찌꺼기를 분해할 때 내뿜는 성분*의 냄새 때문.

*스카톨, 인돌.

갈색을 띠는 이유는?

여러 소화액 중 쓸개즙에 포함된 '빌리루빈'이라는 황색 성분이 원인.

설사는 왜 하게 될까?

감염증, 폭음, 폭식 등으로 큰창자가 제대로 수분 흡수를 하지 못하면, 수분이 많은 똥(설사)이 만들어진다.

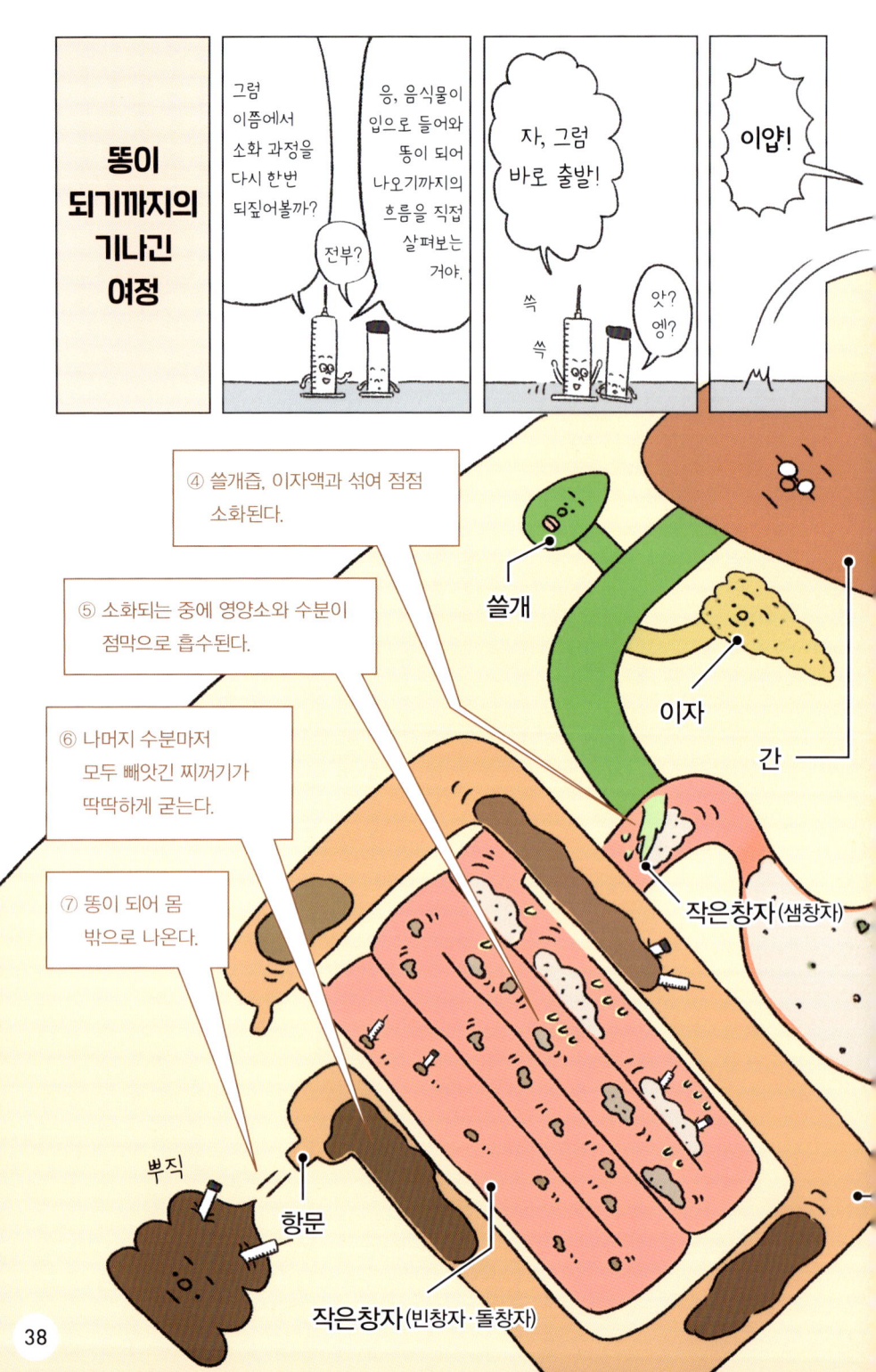

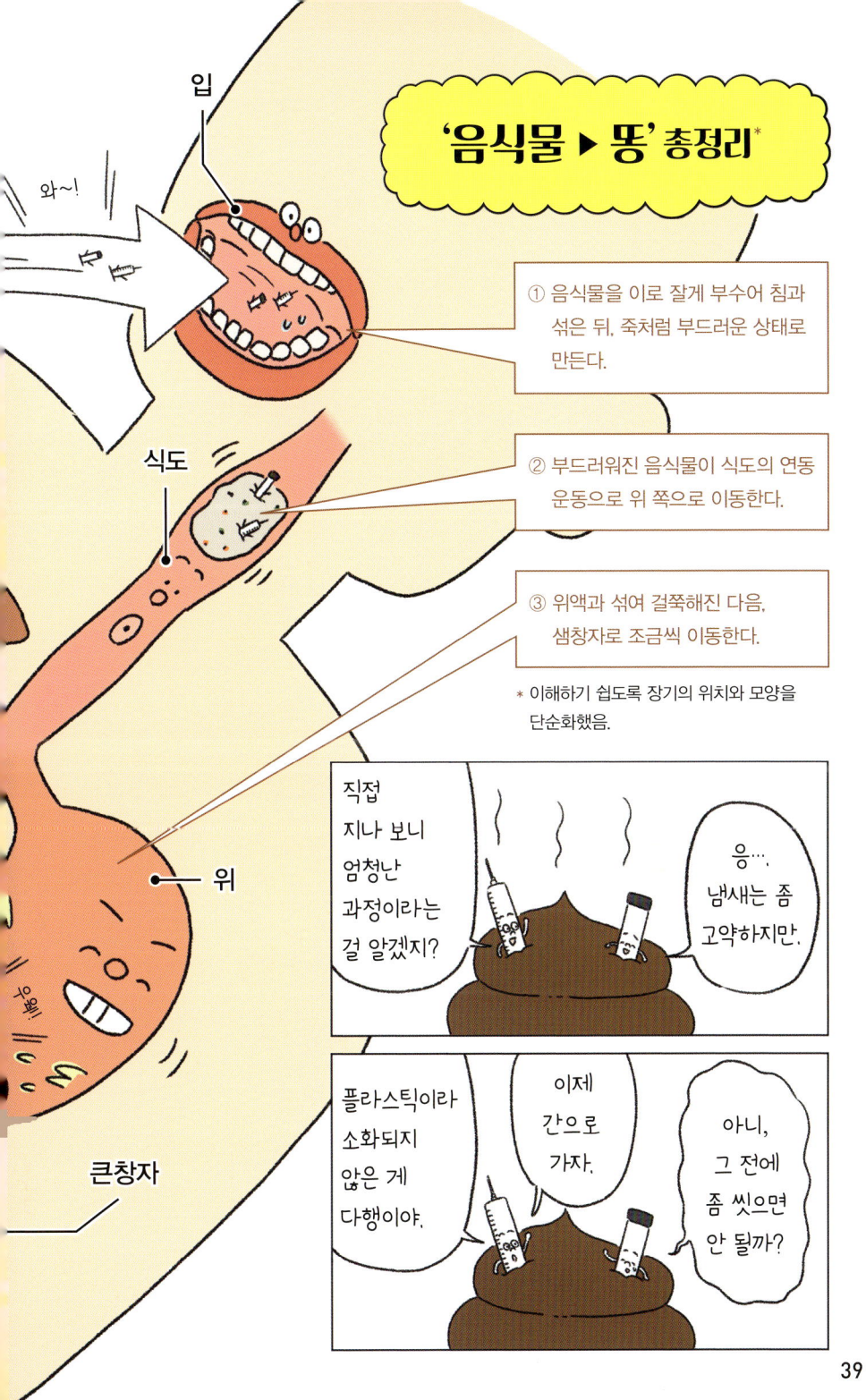

간

위보다 약간 위쪽에 자리한 간은 사람 몸에서 가장 큰 장기로, 무게가 약 1.2킬로그램이나 된다. 음식물이 직접 지나는 곳은 아니지만, 소화액을 만들거나 영양소를 모아 두는 등 소화와 흡수 과정에 중요한 역할을 한다.

물론 간은 소화와 흡수 말고도 아주 다양한 기능을 해 내고 있는데, 대략 세어도 500가지가 넘는 역할을 담당한다고 한다.

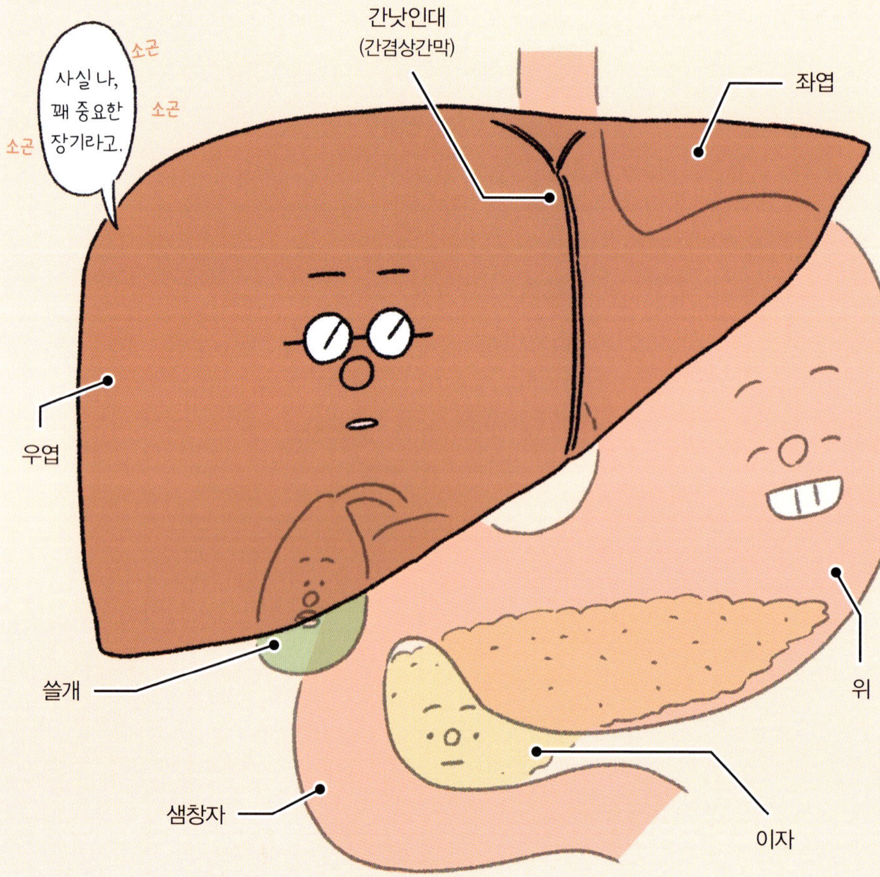

사실 나, 꽤 중요한 장기라고.

소곤 소곤 소곤

간낫인대 (간겸상간막)

좌엽

우엽

쓸개

샘창자

이자

위

좀 더 깊은 이야기

24시간이 모자란 간의 하루

쓸개즙(소화액의 일종)을 만든다.

영양분을 임시로 저장해 둔다.

영양분을 쓸 수 있게끔 바꾸어 혈액으로 내보낸다.

알코올을 분해한다.

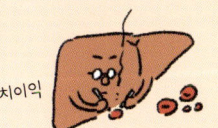
늙은 적혈구를 처리한다.

암모니아 독성을 없앤다.
(=요소로 바꾸는 일)

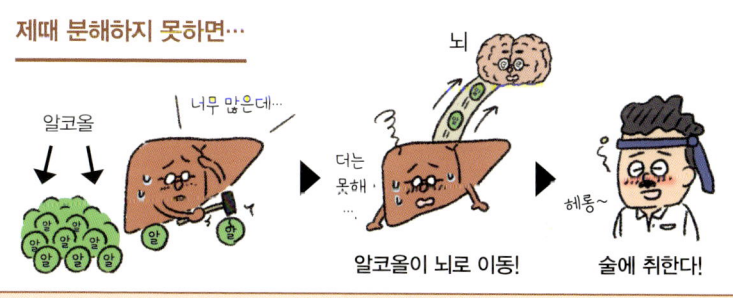

제때 분해하지 못하면…
알코올이 뇌로 이동! → 술에 취한다!

아는 척하고 싶은 이야기

간의 엄청난 재생력

다른 장기와 달리, 간은 손상되어도 원래 상태로 돌아올 수 있다. 심지어 전체의 75퍼센트를 잃어도 몇 주면 예전 상태로 돌아온다고……

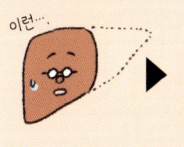
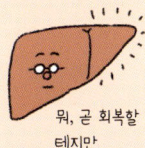
뭐, 곧 회복할 테지만.

간의 별명은…

간은 심장이나 위처럼 움직이지도, 소리를 내지도 않는다. 그래서 '침묵의 장기'라는 별명이 붙었다.

 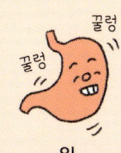 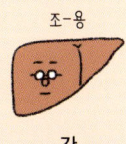
심장   위   간

쓸개·이자

쓸개와 이자 또한 음식물이 직접 지나는 곳은 아니지만, 샘창자로 소화액을 보내 소화 활동에 도움을 준다.
가지처럼 생긴 쓸개는 길이가 약 8센티미터이며, 간이 분비한 쓸개즙이 저장된다. 한편 이자는 길이 약 15센티미터의 노란색 장기로, '이자액'이라는 소화액을 분비한다.

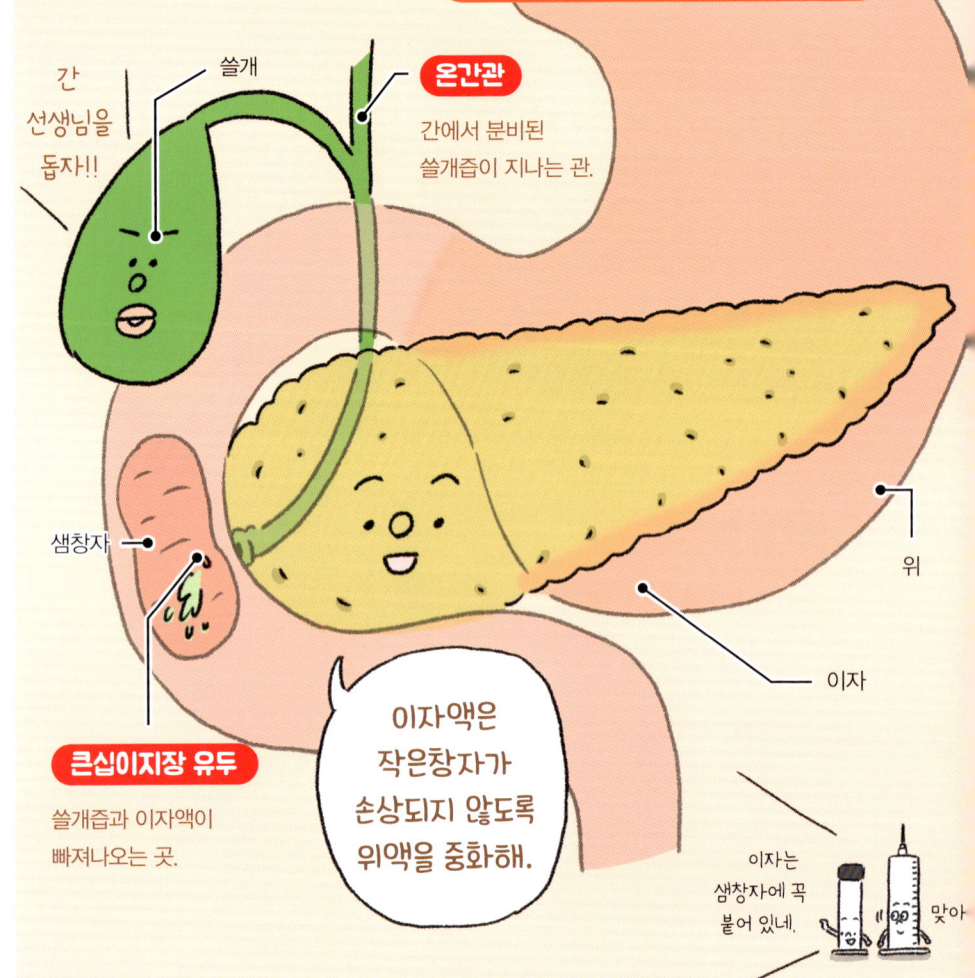

좀 더 깊은 이야기

내 이름은 쓸개즙

간에서 만들어져 쓸개에 농축, 저장되는 소화액. 소화 효소는 없지만, 영양소 중 지방을 작은 입자로 만들 수 있다.*

내 이름은 이자액

이자에서 만들어지는 소화액. 다양한 소화 효소가 들어 있어서 3대 영양소의 소화를 돕는다.

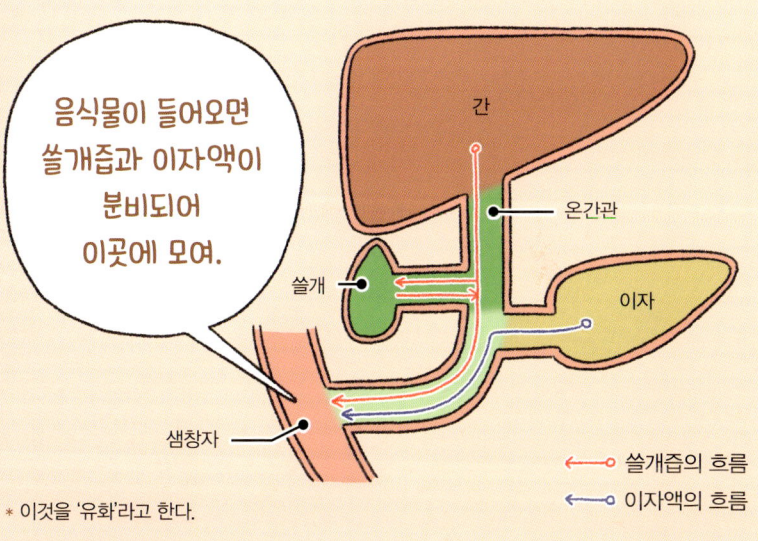

음식물이 들어오면 쓸개즙과 이자액이 분비되어 이곳에 모여.

* 이것을 '유화'라고 한다.

아는 척하고 싶은 이야기

따돌림당하는 이자?

한의학에서는 우리 몸의 주요 내장을 아울러 '오장육부'라고 일컫는데, 이자는 여기에 포함되지 않는다. 몸을 해부해 들여다봐도 찾기 어려운 위치에 있어서 좀체 발견하지 못한 탓이 아닐까 추측된다.

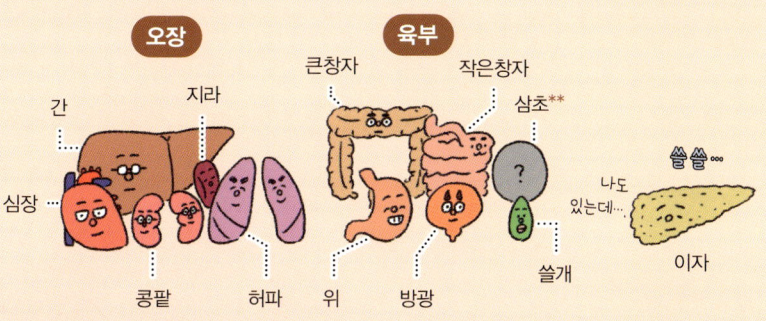

** 어떤 장기인지 명확히 밝혀지지 않았다.

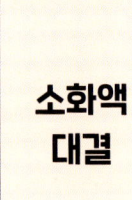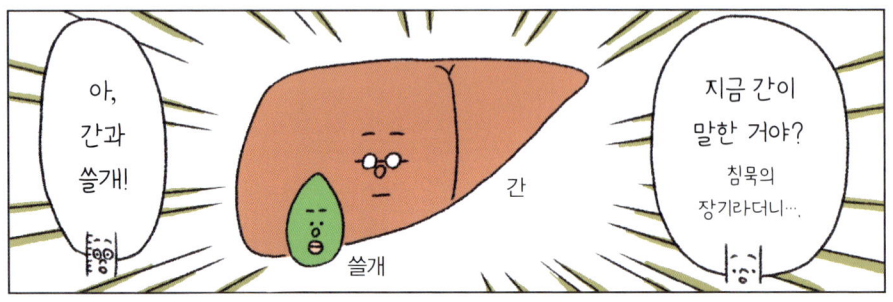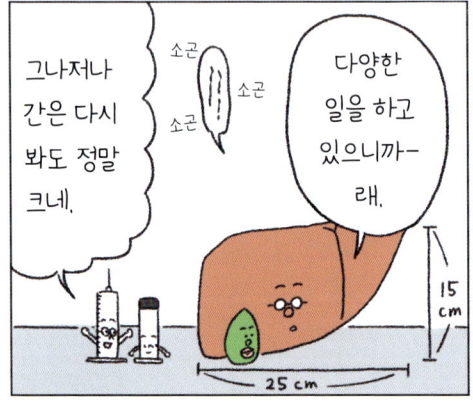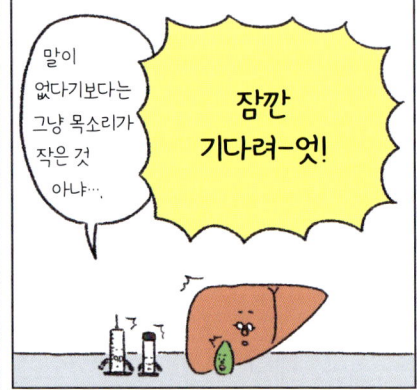

악성 종양, '암'은 어떤 병일까?

암은 몸 안에서 이상 세포(암세포)가 증가하는 병인데, 대개는 '생활 습관병(76쪽)'의 하나로 포함해. 우리나라 보건복지부의 통계에 따르면 기대 수명(83세)까지 생존할 경우, 남자는 5명 중 2명, 여자는 3명 중 1명이 암에 걸린다는데, 연령이 높아질수록 환자 수가 많아져. 대개 여성은 20대 후반, 남성은 30대 정도부터 수가 증가한다고 해(2018년 기준).

세포는 생물의 몸을 구성하는 기본 요소야. 세포 분열로 수를 늘려서 몸과 생명을 유지하거든. 그런데 개중에는 필요 이상으로 늘어나 이상 세포가 되고, 덩어리를 이루어 주위의 세포들을 파괴하는 못된 세포가 있어. 그게 바로 암세포야. 암세포는 다른 조직이 써야 할 영양분까지 써 버리기 때문에 몸을 점점 약해지게 해.

암세포는 정상 세포 속 DNA가 손상되며 만들어져. DNA는 유전자의 본체로, 생물의 설계도 같은 거야. 머리카락과 눈동자색 등을 결정하지. 세포가 분열할 때 이 DNA가 복제되는데, 그러다 가끔 잘못될 때가 있어. 예를 들면 자외선과 방사선을 과도하게 쬐거나 불규칙적인 생활, 인유두종 바이러스 같은 종양 바이러스가 침투해 DNA가 손상되는 거야.

암은 불치병이라며 많은 사람이 두려워하지만, 치료가 아예 불가능한 것은 아니야. 치료법도 여러 가지가 발견되어 다양한 방법을 동시에 쓰기도 하지.

- ◆ 수술로 암세포를 제거.
- ◆ 암세포를 공격하는 약(항암제) 투약.
- ◆ 암세포에 방사선을 쏴서 DNA를 파괴, 암세포 없애기(방사선 치료).
- ◆ 조혈모 세포 이식(골수 이식 등) ······등.

암은 한국인의 사망 원인 1위(2020년 기준)야. 그만큼 무서운 병이지만 일찍 발견해서 치료하면 열 명 중 여섯 명은 나을 수 있다고 말하는 의사도 있어. 그러니 정기적으로 건강 검진을 받아서 조기에 발견하는 게 무엇보다 중요하겠지?

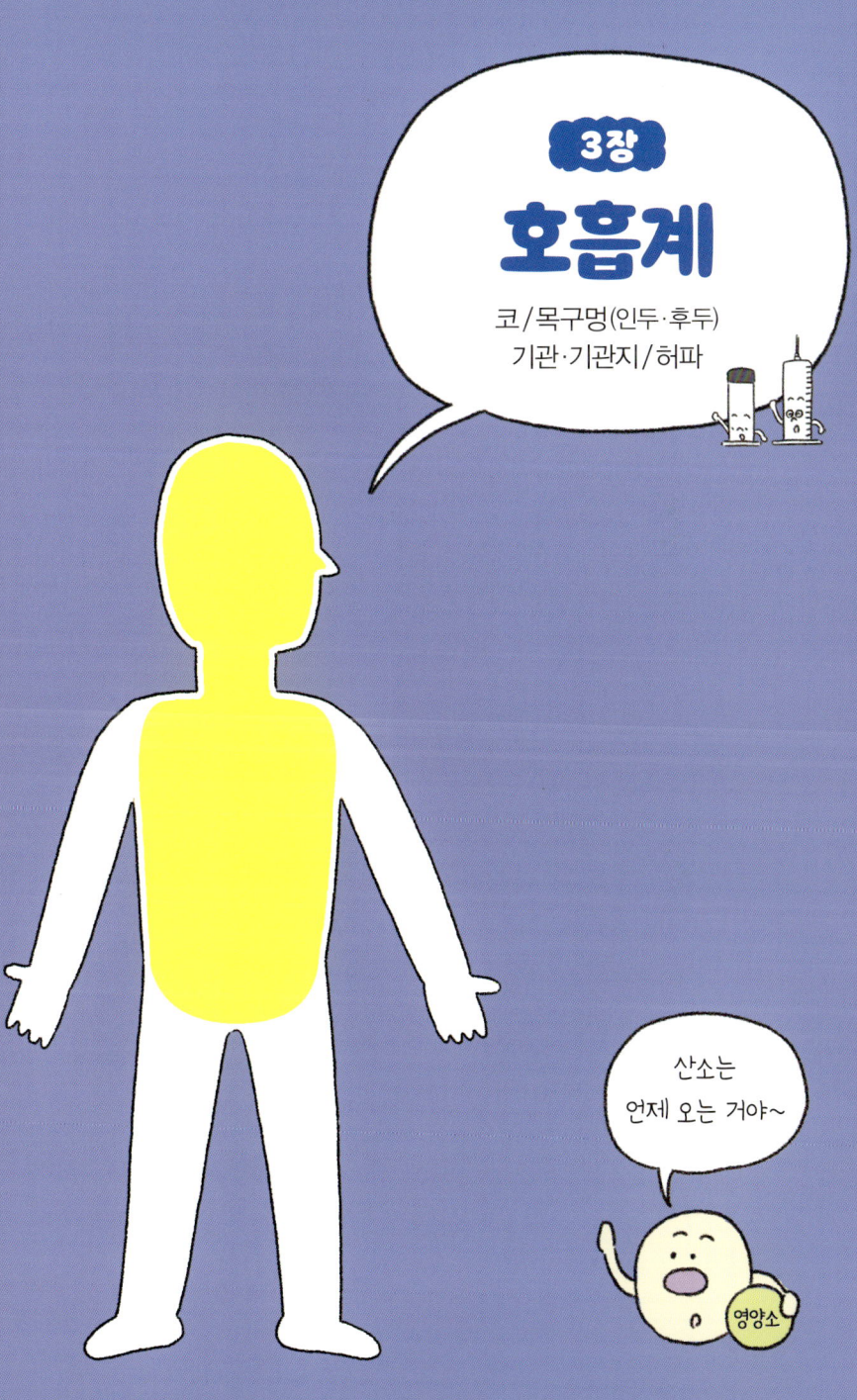

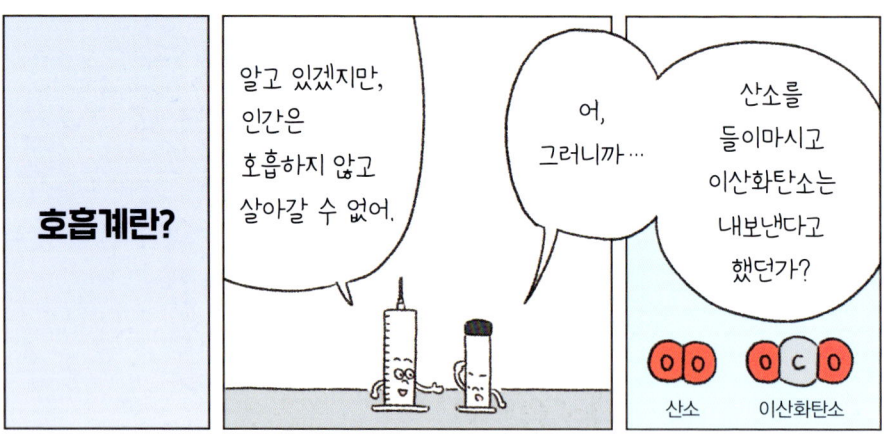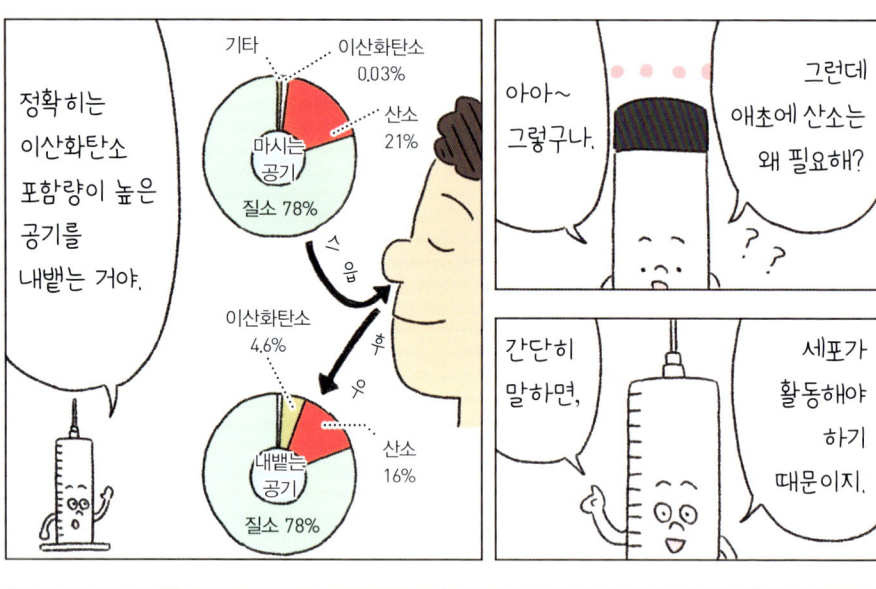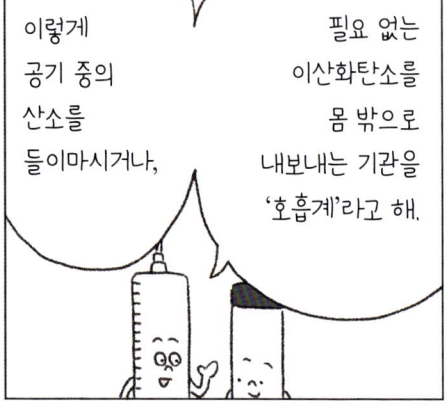

호흡계의 이름과 위치

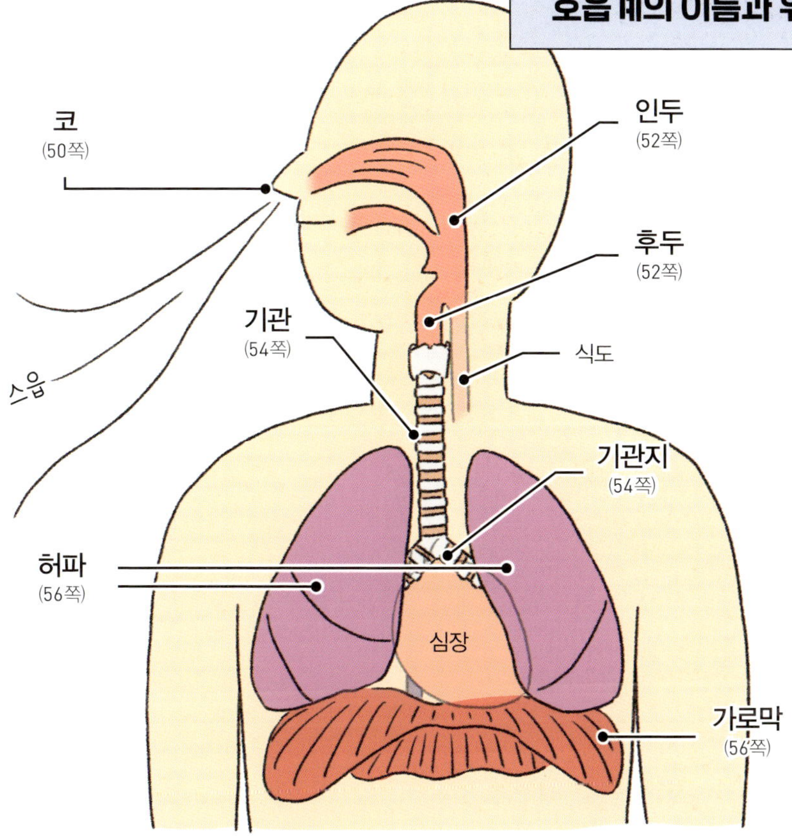

- 코 (50쪽)
- 인두 (52쪽)
- 후두 (52쪽)
- 기관 (54쪽)
- 식도
- 기관지 (54쪽)
- 허파 (56쪽)
- 심장
- 가로막 (56쪽)

스읍

이런저런 생물의 이모저모 호흡법

인간은 주로 허파 호흡을 하지만, 생물들의 호흡 방법은 아주 다양해.

호랑나비 애벌레(곤충)
숨구멍
기관 호흡
몸에 있는 숨구멍으로 산소를 빨아들인다.

붕어(어류)
아가미 호흡
아가미의 모세 혈관으로 물속에 녹아 있는 산소를 빨아들인다.

지렁이
피부 호흡
몸의 표면과 피부로 직접 호흡한다.

자, 그럼 하나하나 살펴보러 갈까

먼저 코부터!

오호-

통 통

코

코는 공기가 드나드는 입구로, 콧속의 점막이 들이마신 공기의 습도와 온도를 조절해서 민감한 허파가 자극받지 않게끔 한다.
또한 먼지 같은 이물질이 몸 안에 들어오지 못하도록 막거나, 냄새를 느끼는 감각 기관, 말을 할 때 소리가 울리도록 만드는 울림통으로서의 역할도 한다.

일상의 이야기

라면과 콧물의 기묘한 관계

라면을 먹다 보면 콧물이 주르륵 흐르곤 한다. 이는 코로 들어온 뜨거운 증기를 식히려고 콧속 점막이 콧물을 내보내기 때문. 즉, 코가 가진 방어 기능 중 하나가 작동한 셈이다.

전문 용어로는 '외비'라고도 불린다오.

콧구멍

코털(비모)
먼지나 이물질이 들어오지 못하게 막는다.

코안(비강)
콧구멍 안쪽. 커다랗게 뻥 뚫려 비어 있다.

좀더 깊은 이야기

킁킁, 냄새를 감지하는 과정

① 냄새 성분이 코로 들어와 냄새를 감지하는 '후상피'라는 점막층에 달라붙는다.

② 냄새 성분이 점막의 액체에 녹아 후세포를 자극한다.

③ 자극이 신경을 통해 뇌로 전해져 냄새를 인식한다.

후상피 / 신경 / 후세포* / 점액 / 냄새 성분

뇌 / 후상피 / 코안

오늘 메뉴는 카레군!

* 냄새를 느끼는 세포.

아는 척하고 싶은 이야기

콧구멍은 교대 근무 중

언제가 되었든 두 개의 콧구멍 중 어느 한쪽은 살짝 막혀 있는 상태! 즉, 콧구멍은 사실 교대 근무를 하듯 몇 시간 간격으로 번갈아 가며 일을 하고 있는 것이다. 이것을 '비주기'라고 하며, 지극히 일반적이고 정상적인 상태이다.

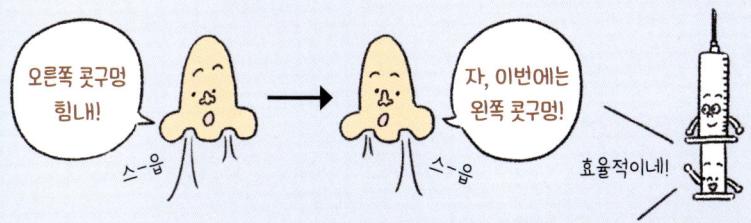

오른쪽 콧구멍 힘내! 스~읍 → 스~읍 자, 이번에는 왼쪽 콧구멍! 효율적이네!

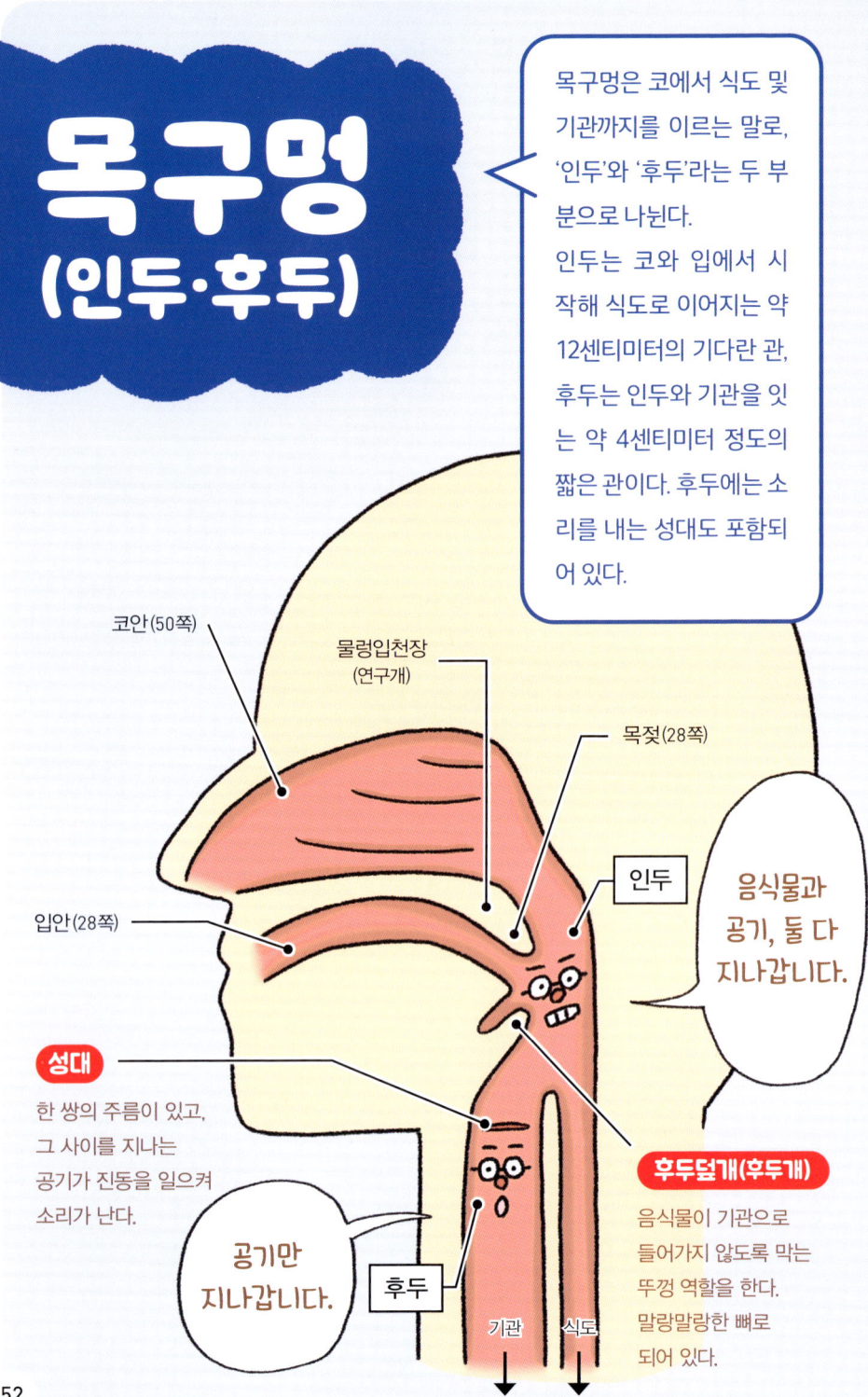

똑똑하게 움직이는 목구멍

음식물을 삼킬 때는 물렁입천장이 뒤로 움직이면서 후두덮개가 닫힌다. 그 덕분에 음식물이 코나 기관으로 잘못 들어가지 않는다.

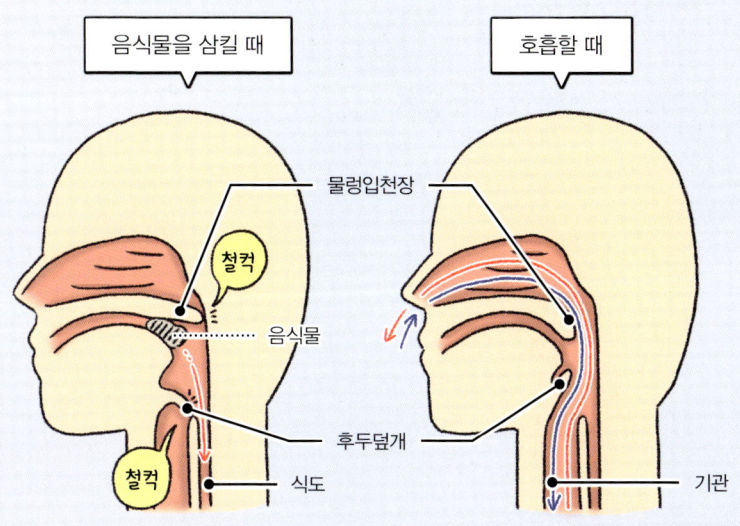

사레들면 기침이 나오는 이유

음식을 급하게 먹다 보면 목구멍이 제대로 움직이지 못해 음식물이 기관으로 들어갈 수 있다. 이때 음식물을 내보내려고 기침이 나오는 것!

음식을 삼킬 때는…

후두가 닫히기(숨이 잠깐 멎은 상태와 같다) 때문에 이 순간에는 절대 목소리를 낼 수 없다.

기관·기관지

후두에서 이어지는 기관은 식도와 나란히 위치해 있다. 길이 약 10센티미터에 지름 약 2센티미터로, 좌우로 갈라져 허파로 들어가는 부분부터는 '기관지'라고 부른다.

허파로 들어간 기관은 그 안에서 가지처럼 여러 갈래로 뻗어 나가는데, 끝에 포도송이 같은 허파 꽈리가 달려 있다. 허파는 이런 허파 꽈리들의 집합체라고 할 수 있다.

좀 더 깊은 이야기 ①

방어 기능 구비!

안쪽의 점막이 먼지 등의 이물질이 허파로 들어가지 않도록 목구멍 쪽으로 다시 올려 보내는 일을 한다.

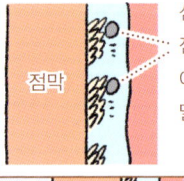

섬모*와 점액이 이물질을 밀어 올린다.

점막

* 안쪽 벽을 덮은 짧고 무수한 털.

기관
두 갈래로 갈라지기 전까지의 부분.

나뭇가지처럼 생겼당께!

좀 더 깊은 이야기 ②

기관과 기관지의 단면

가운데가 텅 빈 관 모양으로, 알파벳 씨(C)자 형태의 연골이 나란히 늘어서 있다.

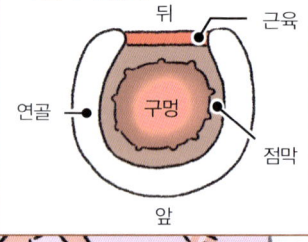

뒤 / 근육 / 연골 / 구멍 / 점막 / 앞

기관지
갈래갈래 뻗어 나간 가지 끝의 지름은 1밀리미터보다 작다 (실제로는 허파 전체에 뻗어 있다).

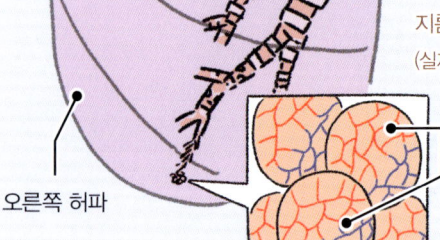

허파 꽈리(폐포)
지름 약 0.2밀리미터의 아주 작은 공기주머니로, 양쪽 허파에 총 3억 개 정도 있다. 겉은 모세 혈관으로 감싸여 있다.

오른쪽 허파   왼쪽 허파

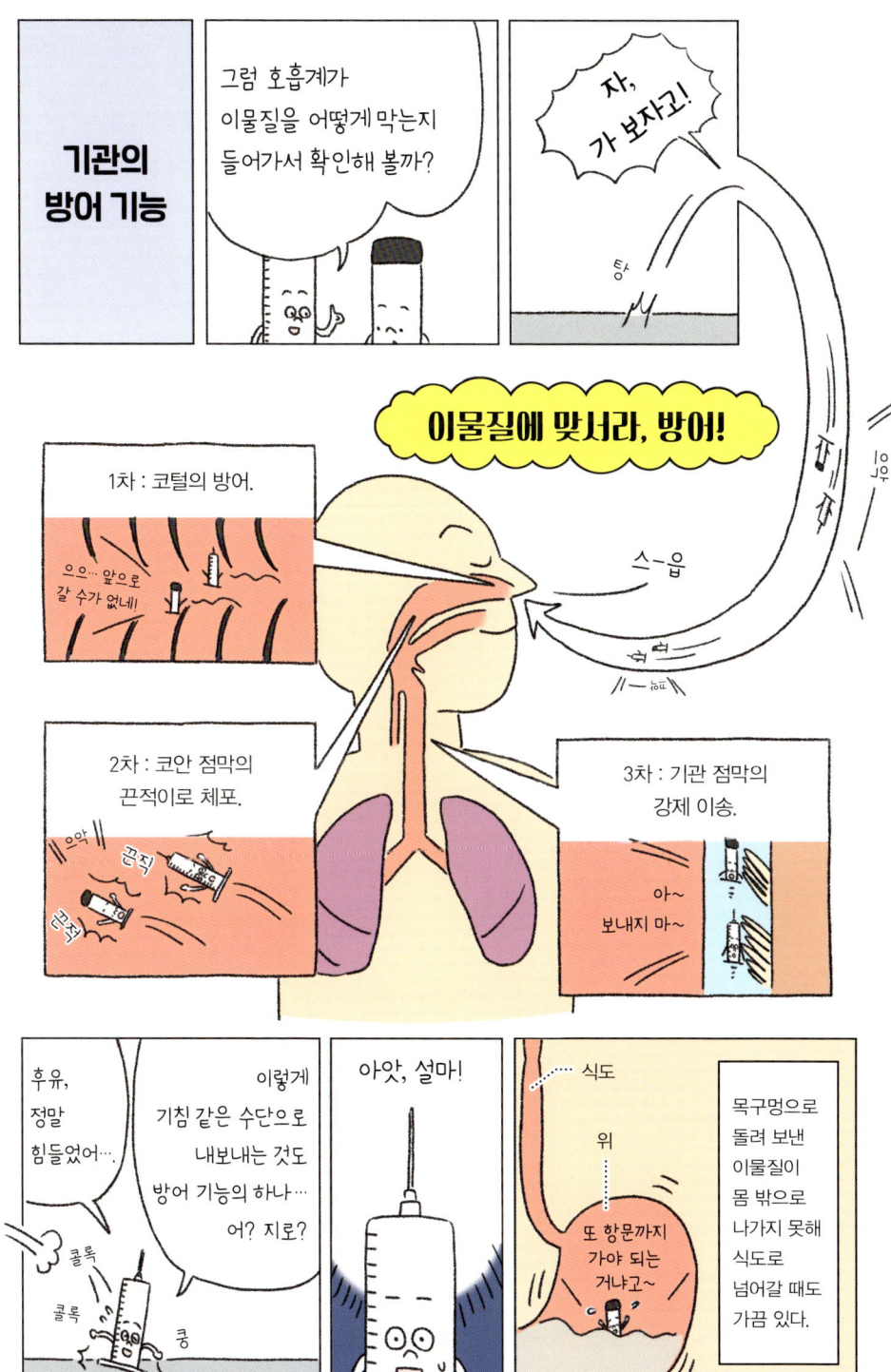

허파

허파(폐)는 허파 꽈리(54쪽)가 한데 모인 스펀지 모양의 장기이다. 심장을 가운데에 두고 양쪽으로 하나씩 있으며, 왼쪽 허파가 조금 더 작다. 호흡으로 들이마신 산소를 혈액으로 보냄과 동시에 이산화탄소를 넘겨받아 몸 밖으로 내보내는 역할을 하는데, 근육이 없기 때문에 가로막 등 주변 기관의 도움을 받아 움직인다.

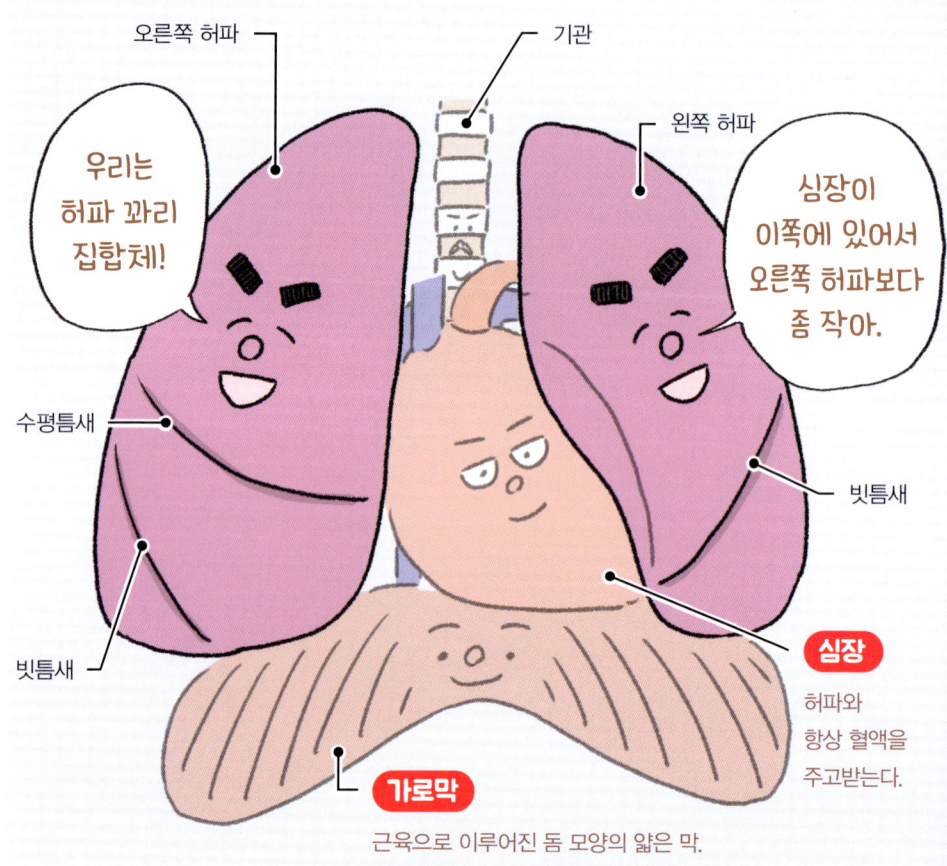

오른쪽 허파 · 기관 · 왼쪽 허파

우리는 허파 꽈리 집합체!

심장이 이쪽에 있어서 오른쪽 허파보다 좀 작아.

수평틈새 · 빗틈새 · 빗틈새

심장
허파와 항상 혈액을 주고받는다.

가로막
근육으로 이루어진 돔 모양의 얇은 막. 수축하면서 허파의 움직임을 돕는다. 참고로 가로막에 경련이 일 때 나오는 것이 바로 딸꾹질!

좀 더 깊은 이야기

영차! 심장과의 협력 관계

허파는 심장이 보낸 혈액 속에서 이산화탄소를 빼내고, 새로운 산소를 다시 집어넣는다.

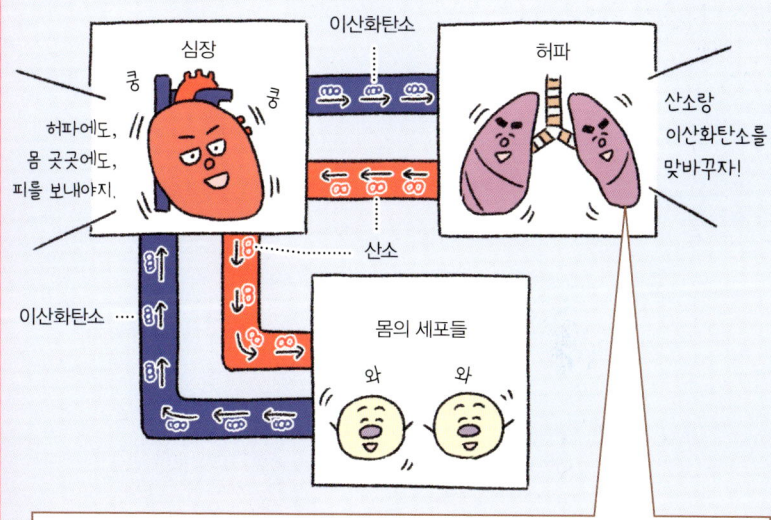

지금 허파 꽈리에서는 무슨 일이?

기관을 지나 몸 안으로 들어온 산소는 허파 꽈리에 있는 모세 혈관에서 혈액을 만난다. 바로 이곳에서 산소와 이산화탄소의 교환이 이루어진다.

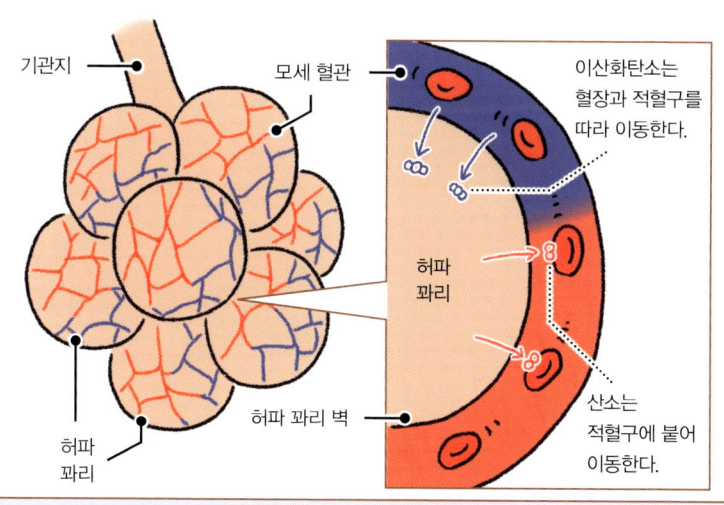

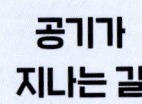
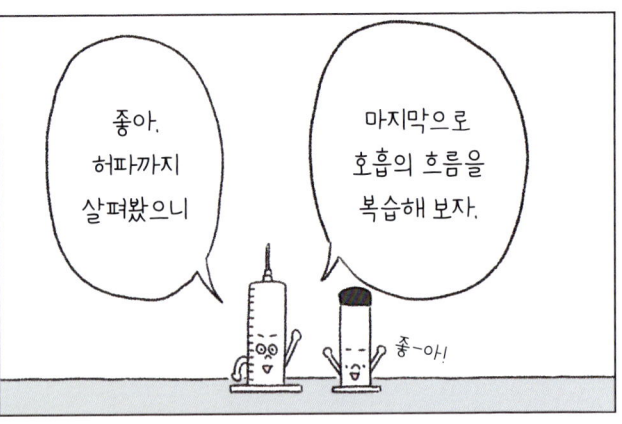

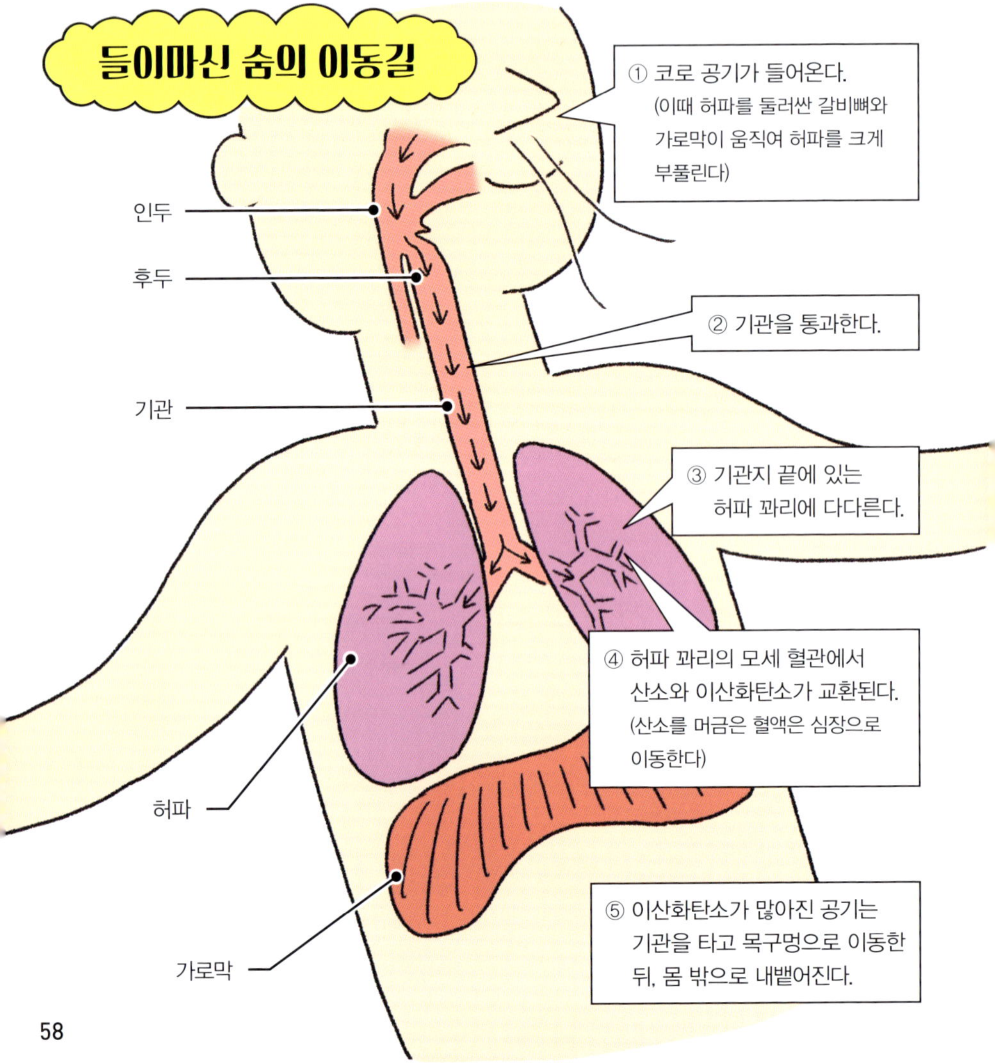

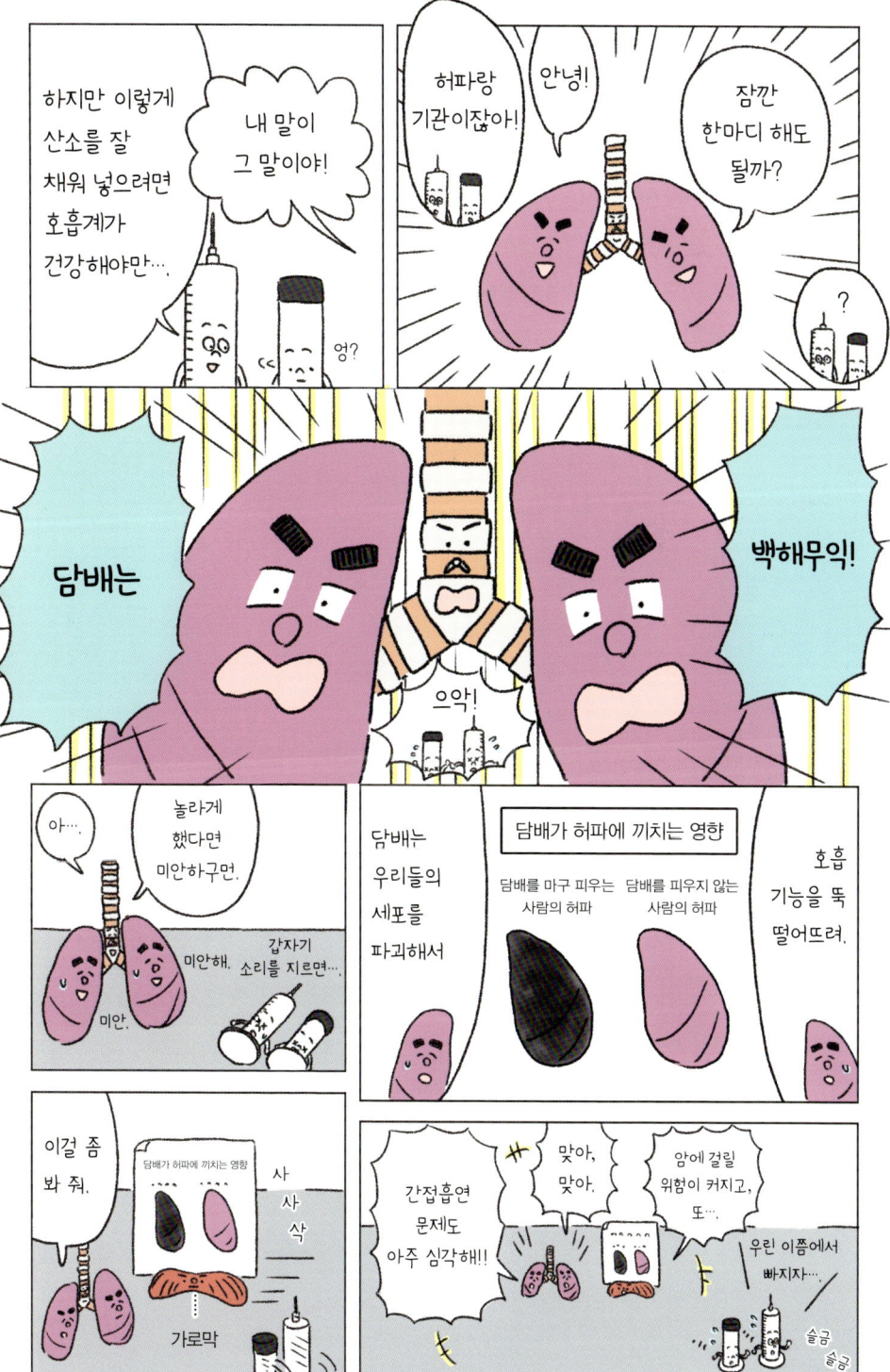

기침, 재채기, 딸꾹질은 왜 나오는 걸까?

느닷없이 터져 나오는 기침, 재채기, 딸꾹질에 대해서 조금 더 자세히 알아보자.

기침은 기도로 들어온 꽃가루나 미생물 같은 이물질이 허파를 비롯한 다른 장기로 흘러가지 않도록 내보내려는 몸의 방어 기능이야. 기도를 뒤덮은 섬모를 이용해서 뇌로 자극을 보내고, 숨근(호흡할 때 가슴을 확대·수축시키는 근육)을 움직여 기침이 나오게 하지. 이물질을 기침과 함께 세차게 내보내려고 말이야.

재채기도 기침과 비슷한 방어 기능이야. 먼지 등의 이물질이 들어오면, 코의 점막이 자극을 받고, '삼차 신경'이라는 곳에 자극을 전달해서 숨근을 움직이지. 보통 재채기를 하기 전에 숨을 크게 들이마시곤 하지? 재채기를 하려고 숨근인 가로막 등이 움직여서 그래. 재채기도 기침처럼 몸속의 공기와 함께 이물질을 밖으로 단번에 밀어내.

하지만 딸꾹질은 달라. 이물질을 내보내기 위한 장치가 아니고, 가로막과 갈비사이근에 경련이 일어 나타나는 증상이거든. 독특한 소리가 나는 이유는 공기가 들어올 때 성대가 자극을 받아 수축하기 때문이고. 딸꾹질의 원인으로는 폭음이나 폭식, 위의 급격한 온도 변화, 스트레스 등이 꼽히지만, 아직 확실하게 밝혀진 건 아니야.

혹시 '딸꾹질을 백 번 하면 죽는다'라는 말을 들어본 적 있을까? 물론, 그건 사실이 아니야. 하지만 딸꾹질을 일으키는 원인에 뇌경색, 천식, 신장병 등의 질병이 있다고도 하니, 도저히 딸꾹질이 멈추지 않는다면 병원에서 상담을 받아 보는 게 좋아.

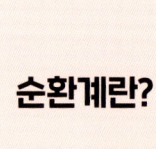

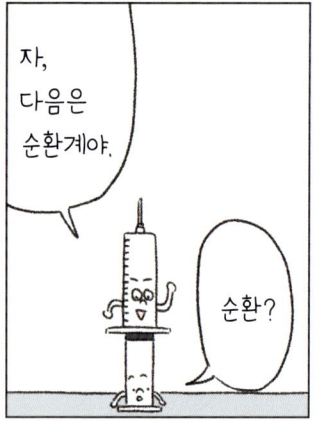

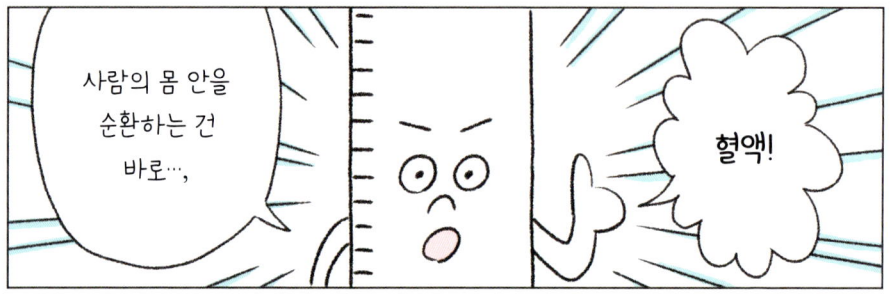

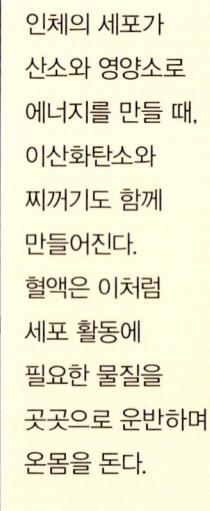

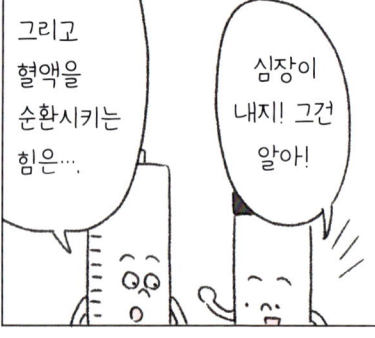

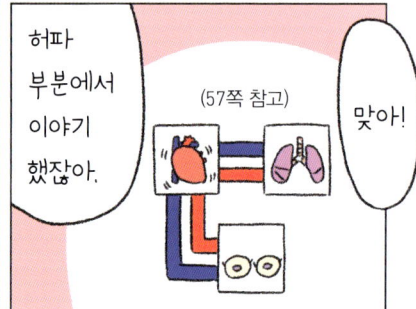

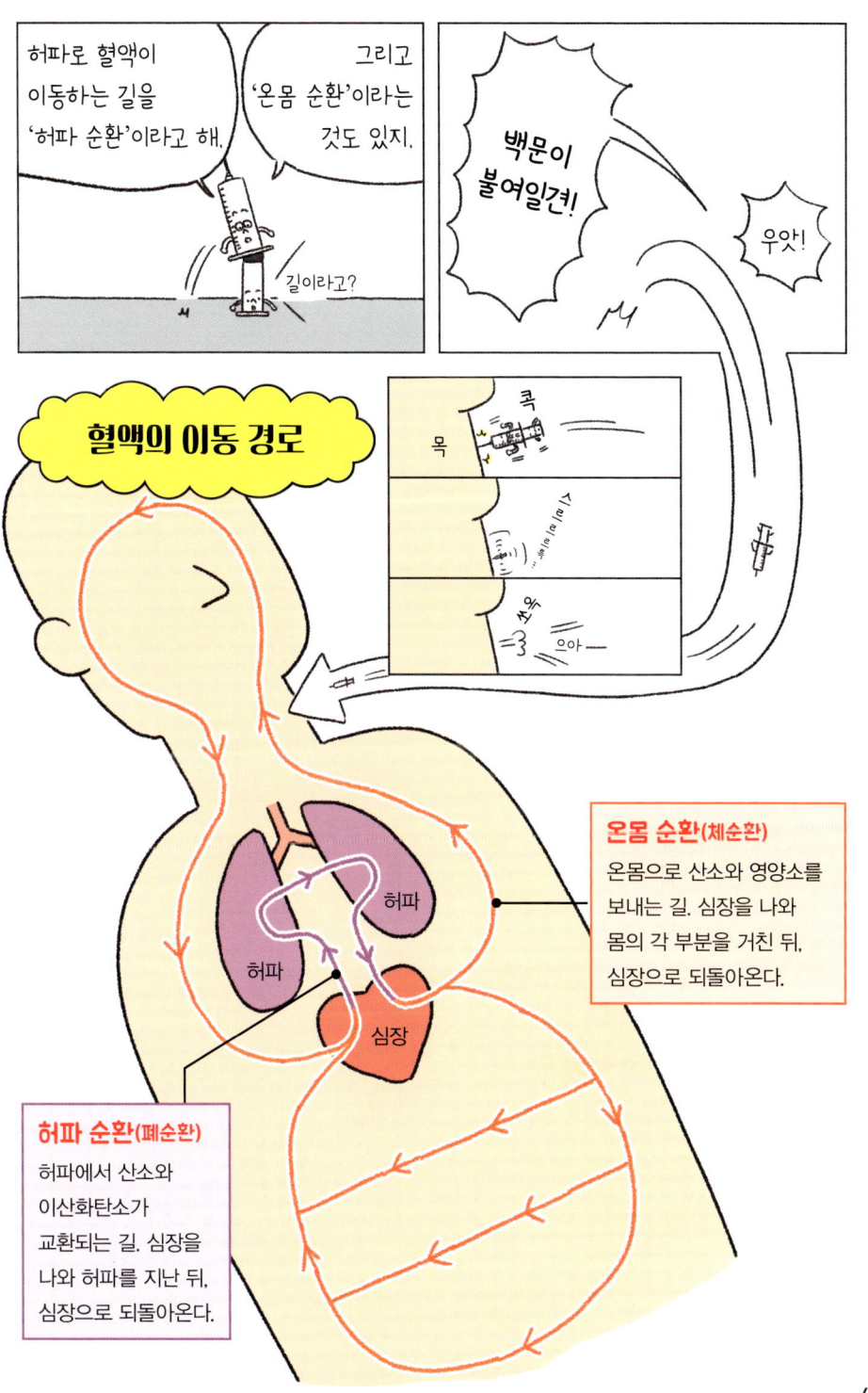

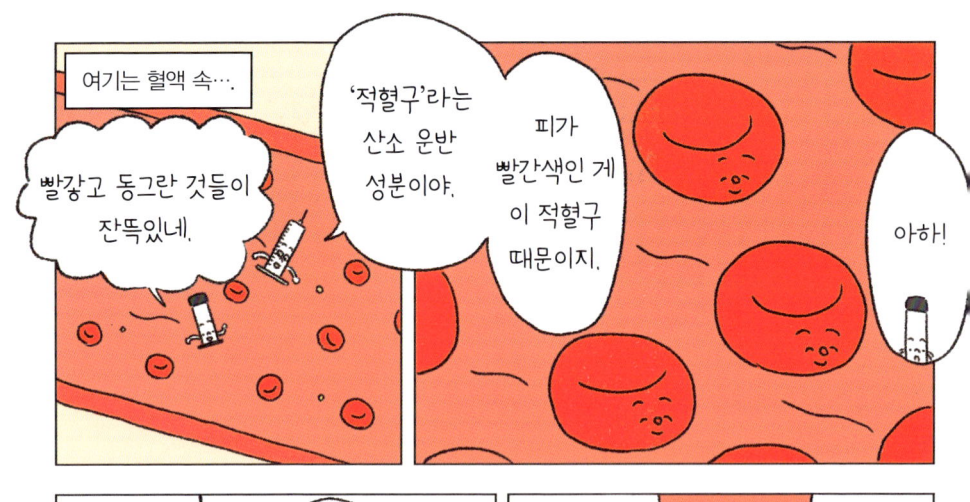

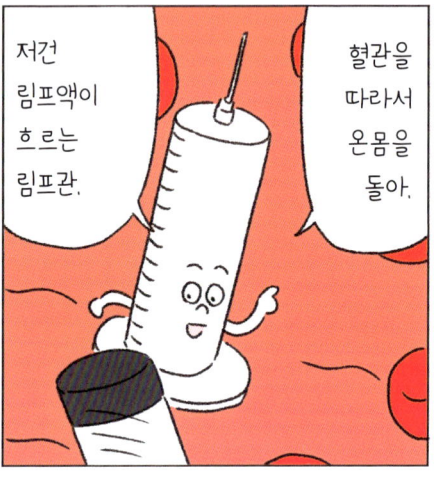
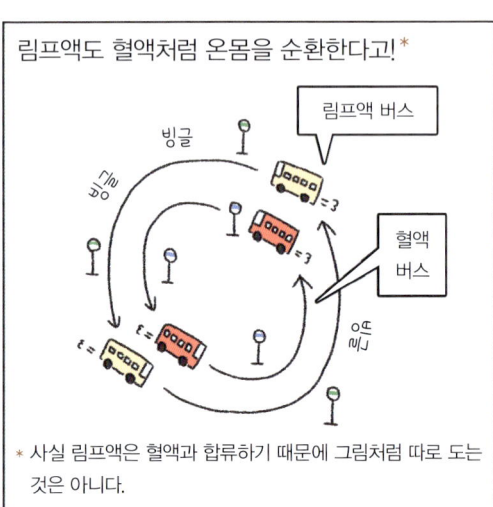
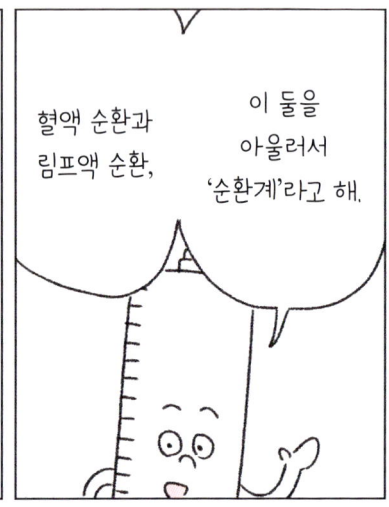

순환계의 이름과 위치

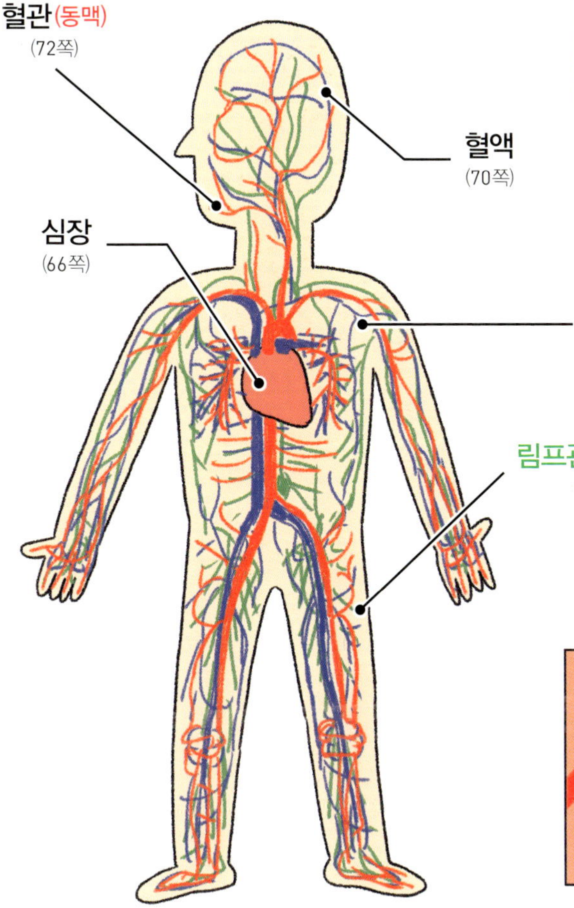

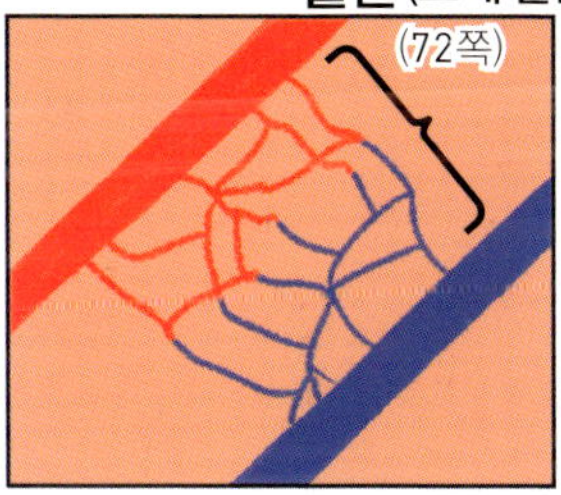

- 혈관(동맥) (72쪽)
- 혈액 (70쪽)
- 심장 (66쪽)
- 혈관(정맥) (72쪽)
- 림프관·림프액 (74쪽)
- 혈관(모세 혈관) (72쪽)

실제로는 혈관과 림프관 모두 온몸 구석구석에 퍼져 있다.
참고로 모세 혈관은 동맥과 정맥을 이어 주는 혈관이다. (73쪽 참고)

돌아왔다~

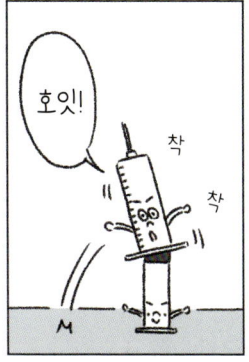

호잇!

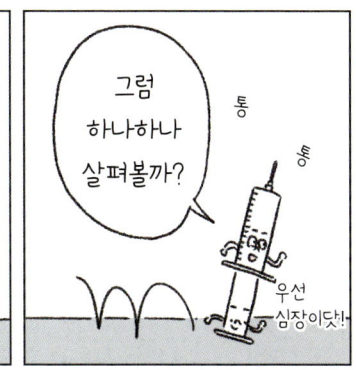

그럼 하나하나 살펴볼까?

우선 심장이닷!

심장

가슴 부분에 자리한 심장은 두 개의 허파 사이에 끼어 있으며, 몸의 중심에서 약간 왼쪽에 위치해 있다. 무게는 약 300그램, 크기는 주먹 정도이다. 심장의 벽은 '심근'이라는 특수한 근육으로 이루어져 있는데, 이 심근이 펌프처럼 수축하고 이완하면서 온몸으로 혈액을 보낸다.
전체적인 구조는 저마다 역할이 다른 네 개의 방으로 나뉘어 있는 형태이다.

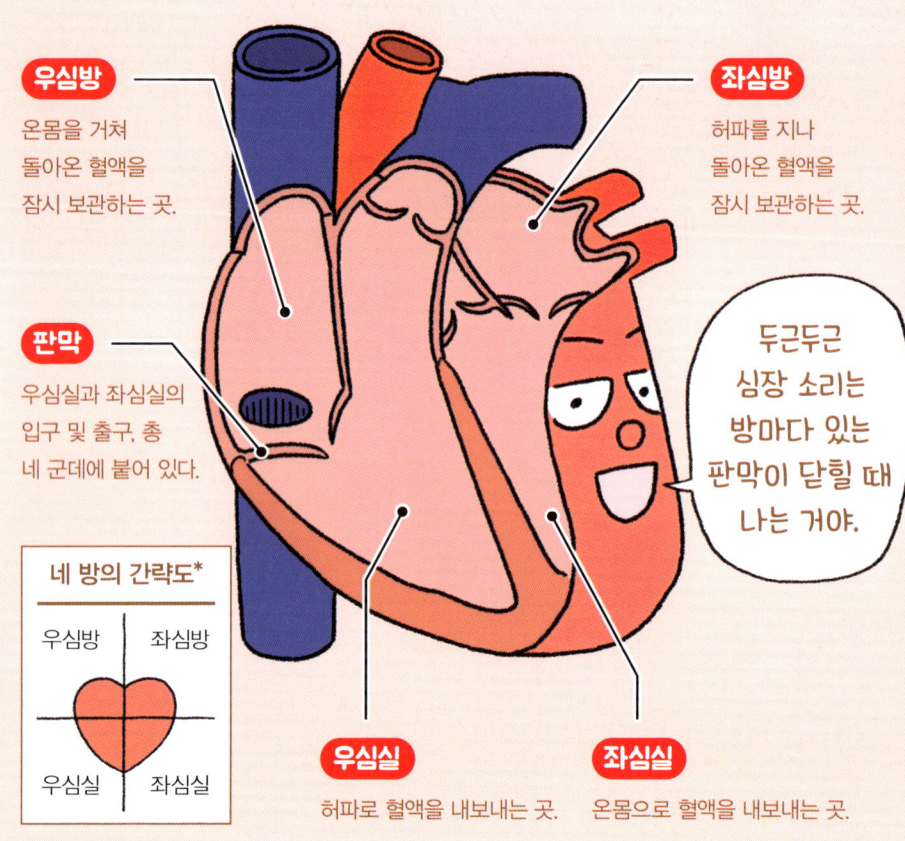

우심방 온몸을 거쳐 돌아온 혈액을 잠시 보관하는 곳.

좌심방 허파를 지나 돌아온 혈액을 잠시 보관하는 곳.

판막 우심실과 좌심실의 입구 및 출구, 총 네 군데에 붙어 있다.

두근두근 심장 소리는 방마다 있는 판막이 닫힐 때 나는 거야.

네 방의 간략도*

우심방	좌심방
우심실	좌심실

우심실 허파로 혈액을 내보내는 곳.

좌심실 온몸으로 혈액을 내보내는 곳.

* 정면에서 마주 보았을 때.

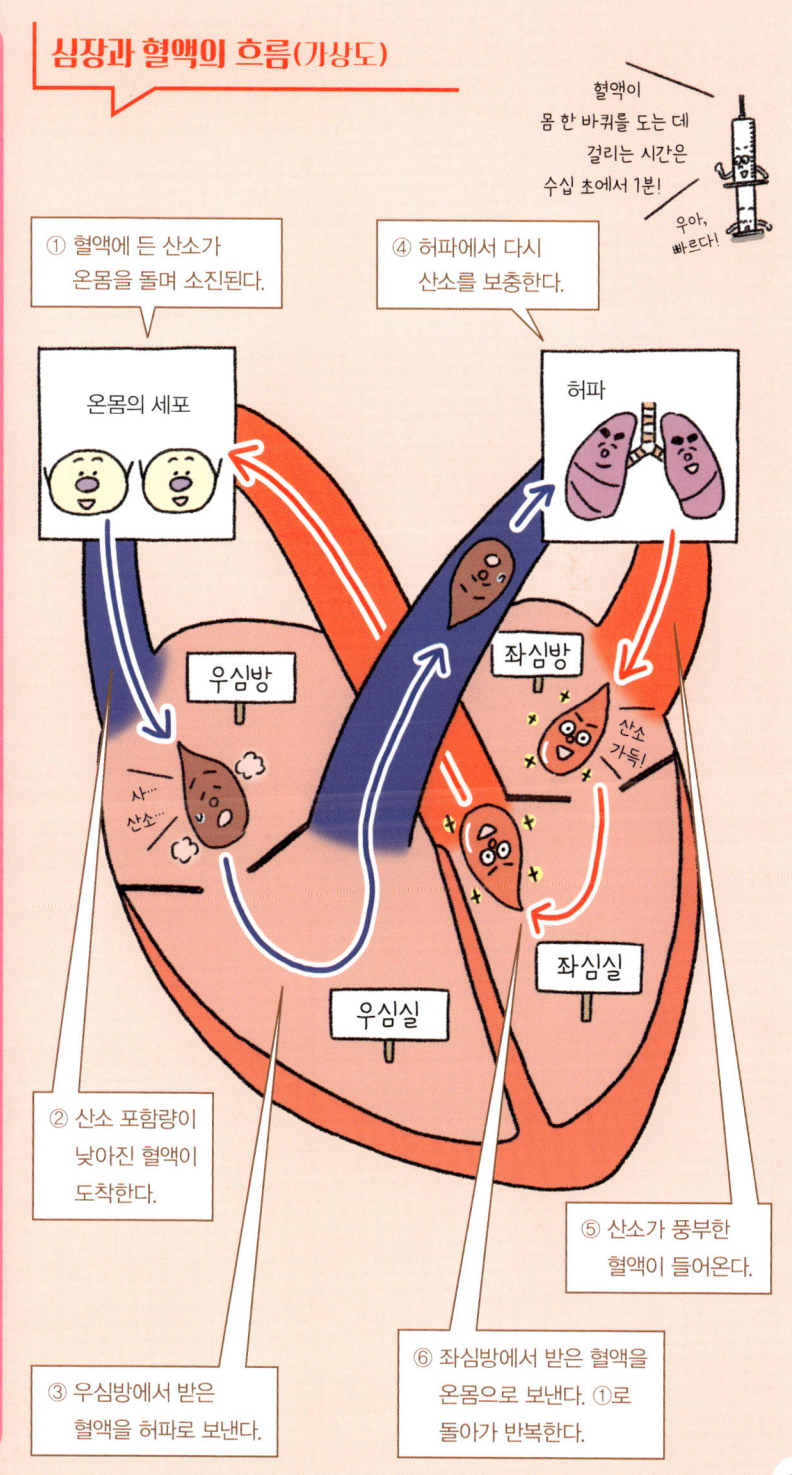

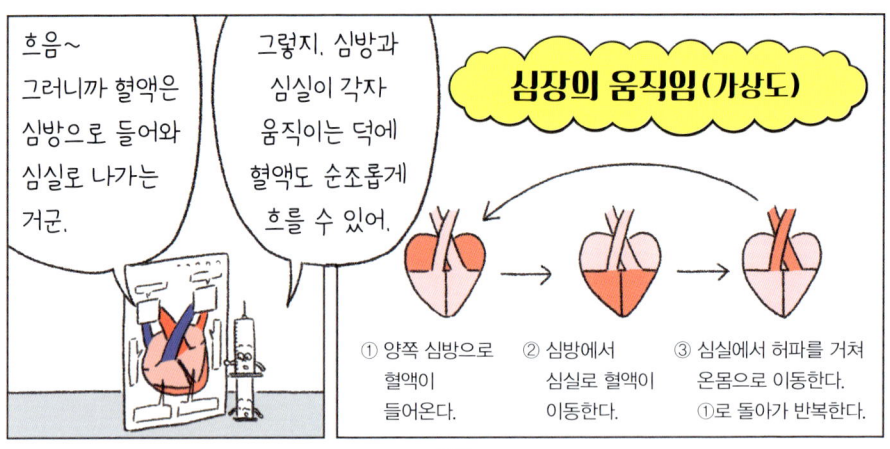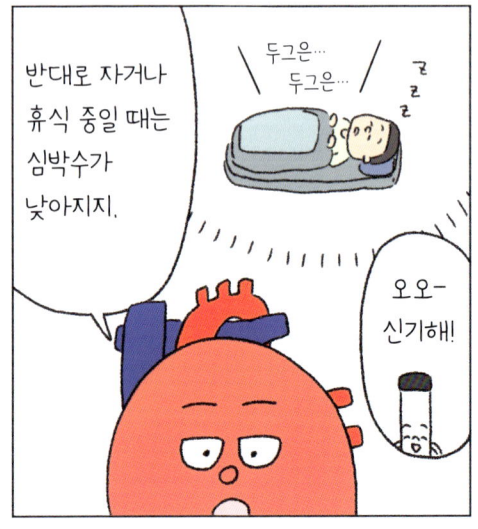

혈액

혈액은 다양한 성분이 포함된 액체로, 몸무게의 약 8퍼센트를 차지한다. 온몸 구석구석 연결된 혈관을 타고 산소, 영양분 등 세포 활동에 필요한 물질을 운반한다. 또, 혈관에 상처가 나면 상처 부위를 메우기도 한다.
혈액 성분 중 유형 성분은 뼈 안의 골수(12쪽 참고)에서 만들어진다.

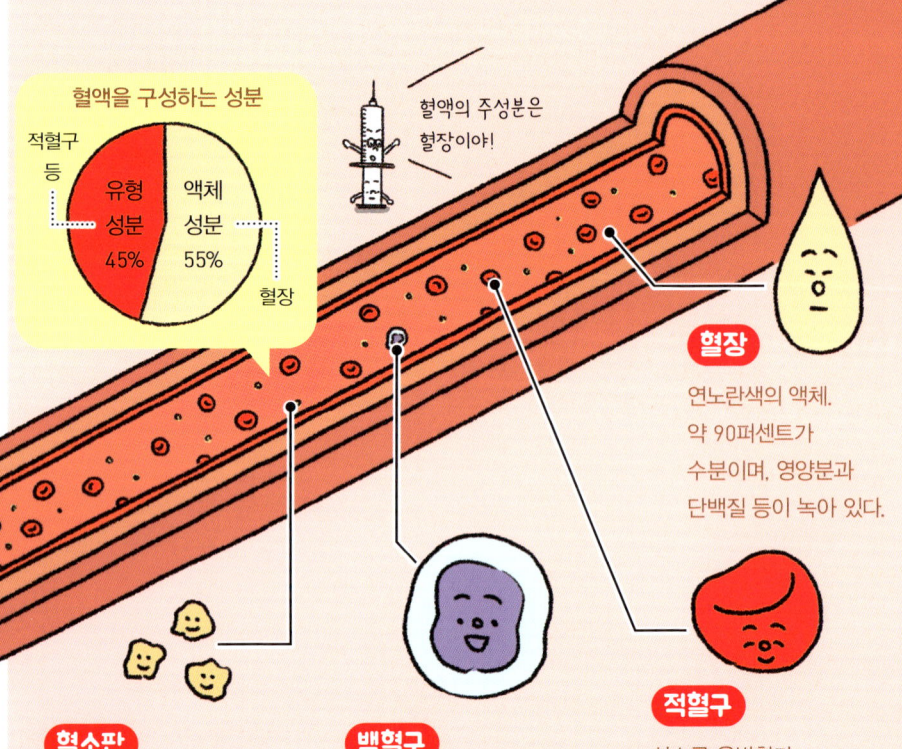

혈액을 구성하는 성분
- 적혈구 등 / 유형 성분 45%
- 액체 성분 55% / 혈장

혈액의 주성분은 혈장이야!

혈장
연노란색의 액체. 약 90퍼센트가 수분이며, 영양분과 단백질 등이 녹아 있다.

혈소판
혈관에 상처가 생겨 피가 나면, 상처 부위로 모여 틈을 메운다. 혈액 1세제곱 밀리미터에 약 15만~40만 개가 있다.

백혈구
병을 일으키는 물질로부터 몸을 방어하며 종류가 다양하다. 혈액 1세제곱 밀리미터에 약 4천~9천 개가 있다.

적혈구
산소를 운반한다. 피가 빨간색인 이유는 적혈구에 든 붉은빛의 헤모글로빈 때문. 혈액 1세제곱 밀리미터에 약 380만~500만 개가 있다.

좀 더 깊은 이야기

비상! 출혈을 막아라!

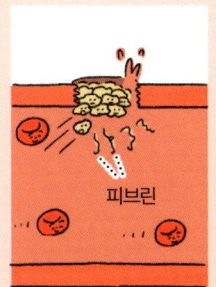

① 혈관에 상처가 나면 상처 부위로 혈소판이 모여든다.

② 혈장에 녹아 있는 성분에서 실처럼 생긴 '피브린'이 만들어진다.

③ 피브린이 혈소판과 적혈구 등을 끌어모아 덩어리를 이루고 출혈을 막는다.

아는 척하고 싶은 이야기

내 피가 아직도 붉은색으로 보이니?

오징어, 문어 같은 연체동물과 새우, 게 등의 절지동물 중에는 피가 파란색인 종이 있다. 혈액 속에 붉은빛을 띠는 헤모글로빈 대신, 푸른빛을 띠는 '헤모시아닌'이 들어 있기 때문!

우리 피는 파란색이야~

일상의 이야기

다치면 생기는 '혹'의 비밀

혹은 간단히 말해서 '핏덩어리'이다. 사람의 몸은 무언가에 세게 부딪쳐 안쪽의 혈관이 상처를 입으면 피가 흘러나오게 된다. 하지만 머리와 이마는 뼈 때문에 피가 밖으로 나오지 못한 채 고여서 피부를 밀어낸다. 이것이 바로 혹!

혈관

혈액을 온몸 구석구석으로 운반하는 통로, '혈관'은 동맥, 정맥, 모세 혈관으로 나뉜다.

동맥은 심장 밖으로 나가는 혈액이 지나는 관으로, 다른 혈관에 비해 두껍다.

정맥은 심장으로 돌아오는 혈액이 지나는 관으로, 피가 역류하지 않게끔 막아 주는 판막이 있다.

모세 혈관은 동맥과 정맥을 잇는 가느다란 혈관으로, 얇은 한 겹의 층으로 이루어져 있다.

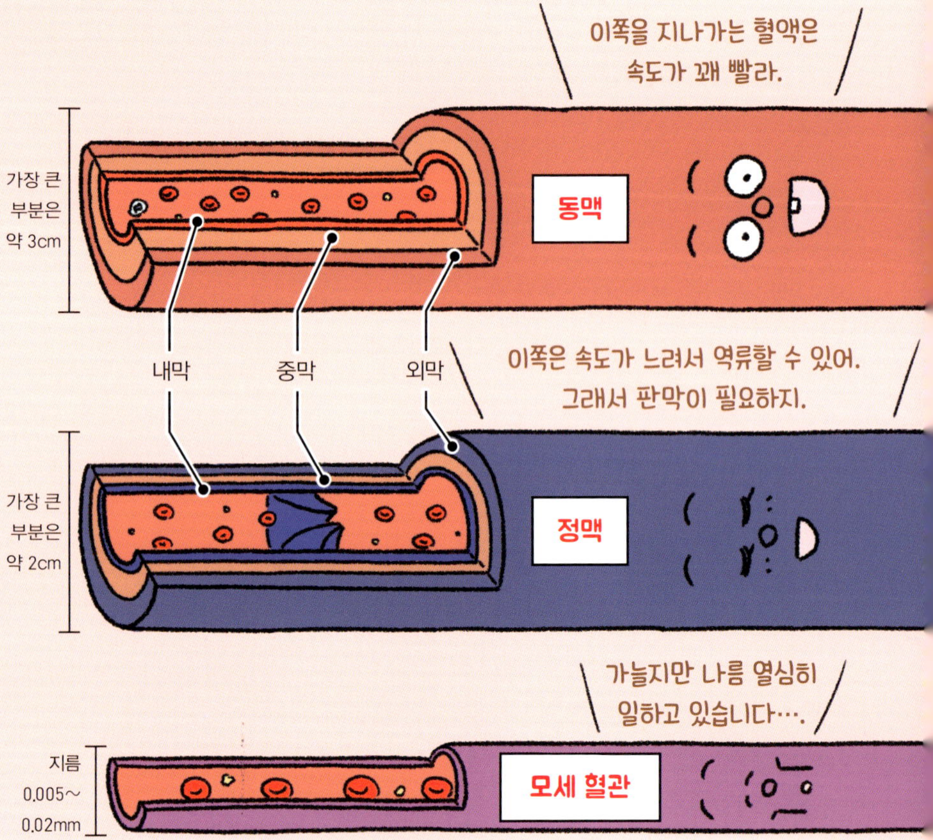

동맥 — 이쪽을 지나가는 혈액은 속도가 꽤 빨라.
가장 큰 부분은 약 3cm
내막, 중막, 외막

정맥 — 이쪽은 속도가 느려서 역류할 수 있어. 그래서 판막이 필요하지.
가장 큰 부분은 약 2cm

모세 혈관 — 가늘지만 나름 열심히 일하고 있습니다….
지름 0.005~0.02mm

좀 더 깊은 이야기

실세는 모세 혈관?

동맥과 정맥은 어디까지나 혈액이 지나가는 길일 뿐! 세포에게 산소를 전달해 주는 등의 핵심 업무는 모두 모세 혈관과 그 주변에서 이루어진다.

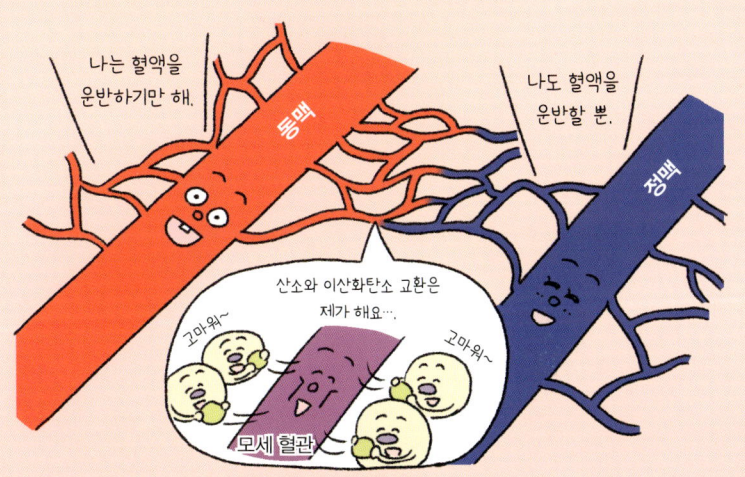

일상의 이야기

내 몸의 파란 핏줄

피부 위로 비춰 보이는 혈관은 몸 전체 혈관의 약 5퍼센트뿐이며, 심지어 모두 정맥이나. 동맥은 몸 안쪽 더 깊숙한 곳에 있어서, 또 모세 혈관은 너무 가늘어서 보이지 않는다.

아는 척하고 싶은 이야기

끝없는 혈관의 길이

사람 몸의 동맥과 정맥, 모세 혈관을 모두 이어 붙이면 약 6천 킬로미터*. 약 1천 킬로미터인 한반도 남북 길이보다 무려 여섯 배나 긴 셈!

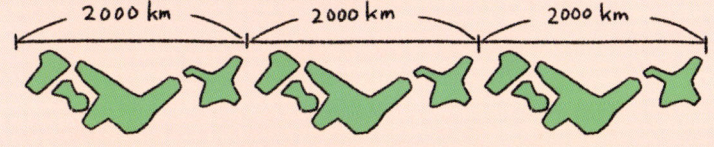

* 예전에는 10만 킬로미터(지구 두 바퀴 반)라는 이야기도 있었지만, 지금은 6천 킬로미터 정도로 보고 있다.

림프관·림프액

림프관은 림프액이 지나는 길로, 혈관처럼 몸 구석구석에 뻗어 있다. 림프관의 주 역할은 다음의 세 가지 정도이다.

- 모세 혈관에서 세포로 흘러나온 액체를 일부 거두어 몸이 붓는 것을 방지.
- 림프구가 활약하는 면역* 활동의 거점.
- 지방(작은창자에서 흡수한 영양소)을 운반.

참고로 림프액에는 적혈구가 없어서 연노란색을 띤다.

* 면역에 대해서는 오른쪽 하단 참조.

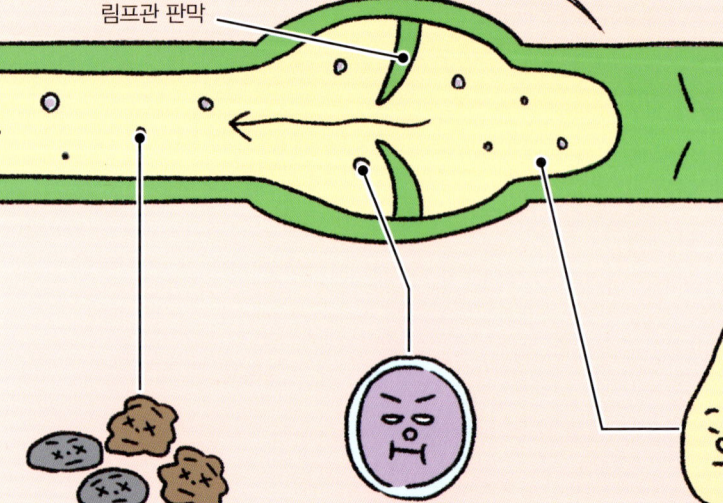

노폐물 — 오래된 세포와 세포에서 나온 찌꺼기 등.

림프구 — 백혈구의 일종. 세균 같은 병원체를 퇴치한다.

림프액 — 혈액을 구성하는 혈장과 비슷한 성분의 액체이다.

좀 더 깊은 이야기 ①

모자라도 문제, 넘쳐도 문제

모세 혈관에서 흘러나온 액체는 세포와 세포 사이를 채우는 액체(조직액)가 된다. 이 중 일부는 다시 모세 혈관으로, 일부는 모세 림프관으로 들어가 림프액이 된다.

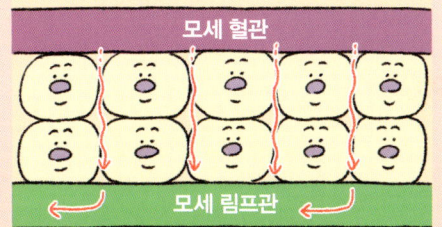

림프액이 잘 흐르지 못하고 쌓이면 몸이 붓게 돼.

림프절

림프구가 모여 세균 등의 이물질과 싸우는 곳. 림프관 곳곳에 있으며, 몸 전체로 따지면 약 800개 정도가 존재한다.

모세 림프관

림프관 중에서도 특히 가느다란 관. 두께 약 0.04~0.1밀리미터.

좀 더 깊은 이야기 ②

전사들이여, 림프절로 집합!

인체는 세균 등의 병원체가 들어오면 곧장 퇴치할 수 있는 체제를 갖추고 있는데, 이를 '면역'이라고 한다. 비유하자면 림프구는 병원체와 싸우는 전사, 림프절은 병원체와 맞서 싸우기 위한 전쟁터라고 할 수 있다.

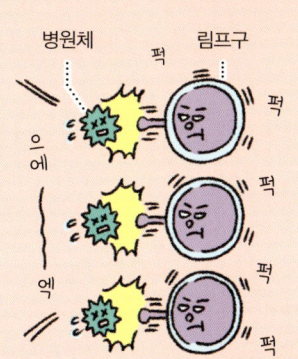

'생활 습관병'이란 어떤 병일까?

생활 습관병은 과식, 과음, 운동 부족, 흡연, 스트레스 등 잘못된 생활 습관 때문에 생기는 병이야. 원래는 40대 이후에 많이 걸려서 '성인병'이라고도 불렸는데, 요즘은 어린 나이에 걸리는 경우도 많다고 해. 생활 습관병에는 다음과 같은 병이 있어.

♦ **비만증** 운동량이 부족하면 섭취 칼로리에 비해 소비 칼로리가 적어서 몸속 지방이 점점 늘어나. 지방이 에너지원으로 쓰이긴 하지만, 너무 많아지면 다 쓰이지 못해 쌓여서 비만증을 일으키지. 비만증은 다른 생활 습관병의 원인이 되기도 하니까 평소 적당한 운동으로 지방을 소비하며 쌓이지 않도록 예방하는 것이 중요해.

♦ **고혈압** 혈압(심장에서 나온 혈액이 혈관 벽을 누르는 힘)이 높은 상태를 말해. 대한고혈압학회의 기준에 따르면 정상 혈압의 범위는 최고 혈압이 120mmHg 미만, 최저 혈압은 80mmHg 미만이어야 하는데, 고혈압은 최고 혈압이 140mmHg 이상, 최저 혈압이 90mmHg 이상인 상태야. 고혈압 상태가 계속 되면 동맥이 딱딱하게 굳는 '동맥 경화'나 혈액이 굳는 혈전 증상으로 혈관이 막혀서 심장과 뇌에도 이상이 생길 수 있어.

♦ **이상지질혈증** LDL콜레스테롤(저밀도 콜레스테롤, 일명 나쁜 콜레스테롤)이 늘어나거나 HDL콜레스테롤(고밀도 콜레스테롤, 일명 좋은 콜레스테롤)이 줄어든 상태. 콜레스테롤은 신체 활동을 조절하는 물질의 원료가 되는 등 우리 몸에 꼭 필요하지만, 뭐든 과하면 문제가 되는 법이지. 남는 콜레스테롤을 간으로 되돌려보내는 HDL콜레스테롤이 줄면 LDL콜레스테롤이 늘어나 동맥 경화의 원인이 되거든.

♦ **당뇨병** 당뇨병은 면역 이상이 원인인 '제1형 당뇨병'과 과식과 운동 부족 등의 생활 습관으로 생기는 '제2형 당뇨병'이 있어. 당뇨병에 걸리면 혈당 수치가 높아지고 혈관이 망가져. 그 때문에 뇌졸중, 심근 경색, 협심증, 실명 등의 합병증이 생기기도 하지.

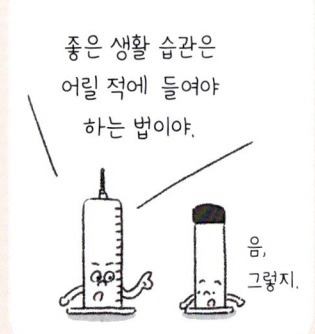

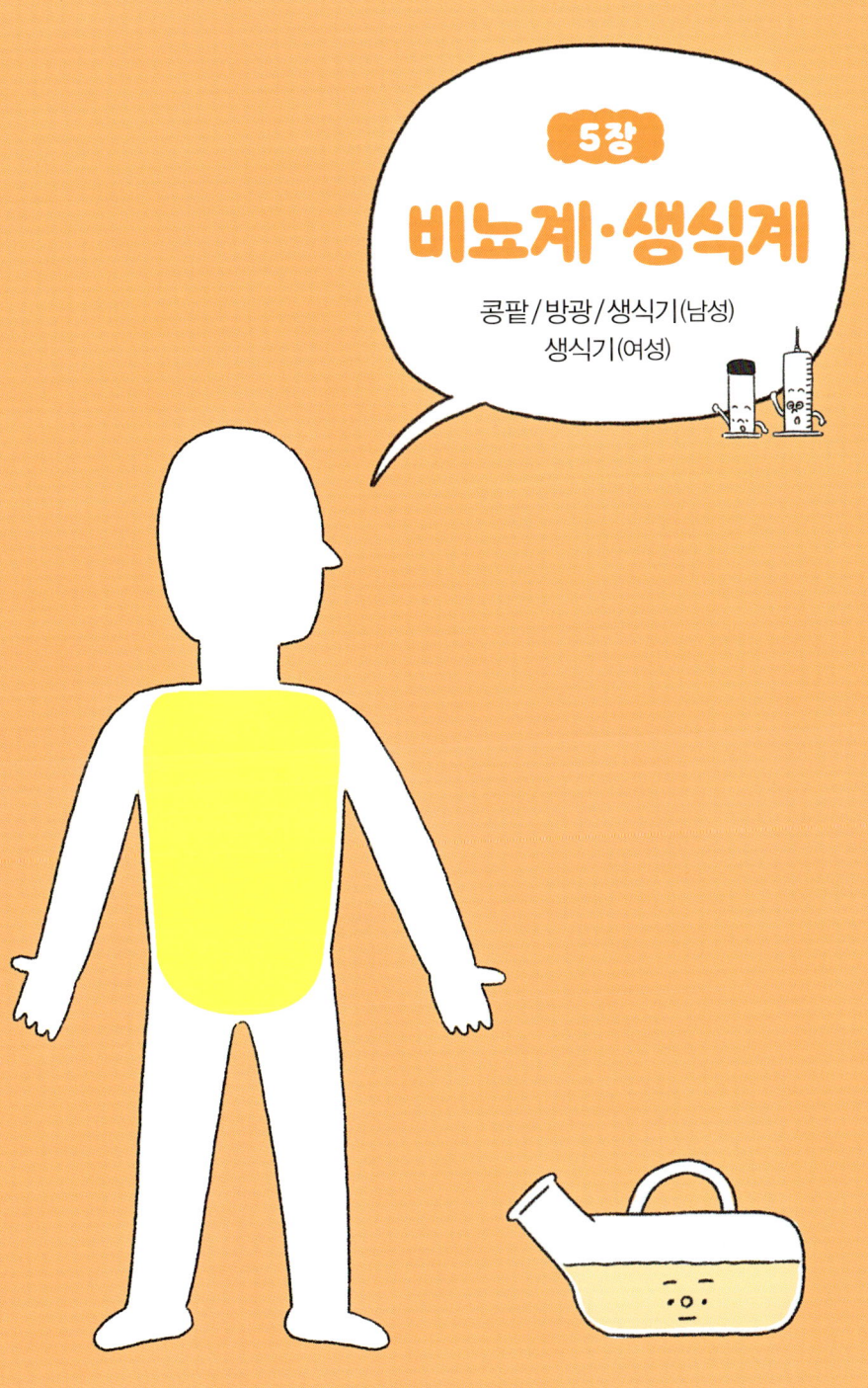

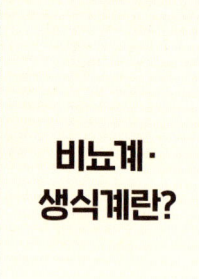

오줌은 똥이랑 완전히 달라. 간단히 말하면 '혈액을 깨끗하게 만드는 과정에서 생기는 찌꺼기'라고 할 수 있지. 몸속 노폐물을 오줌으로 만들어 배출하기 때문에 혈액이 깨끗하게 유지되는 거거든.

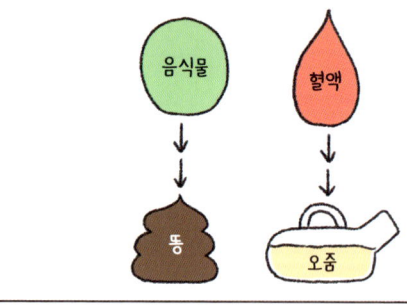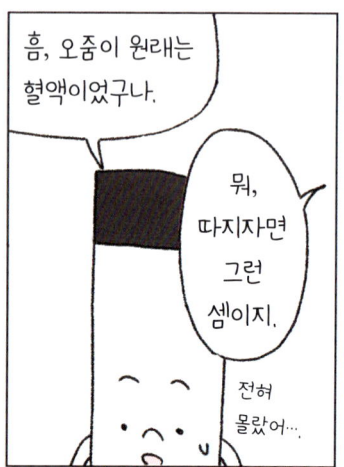

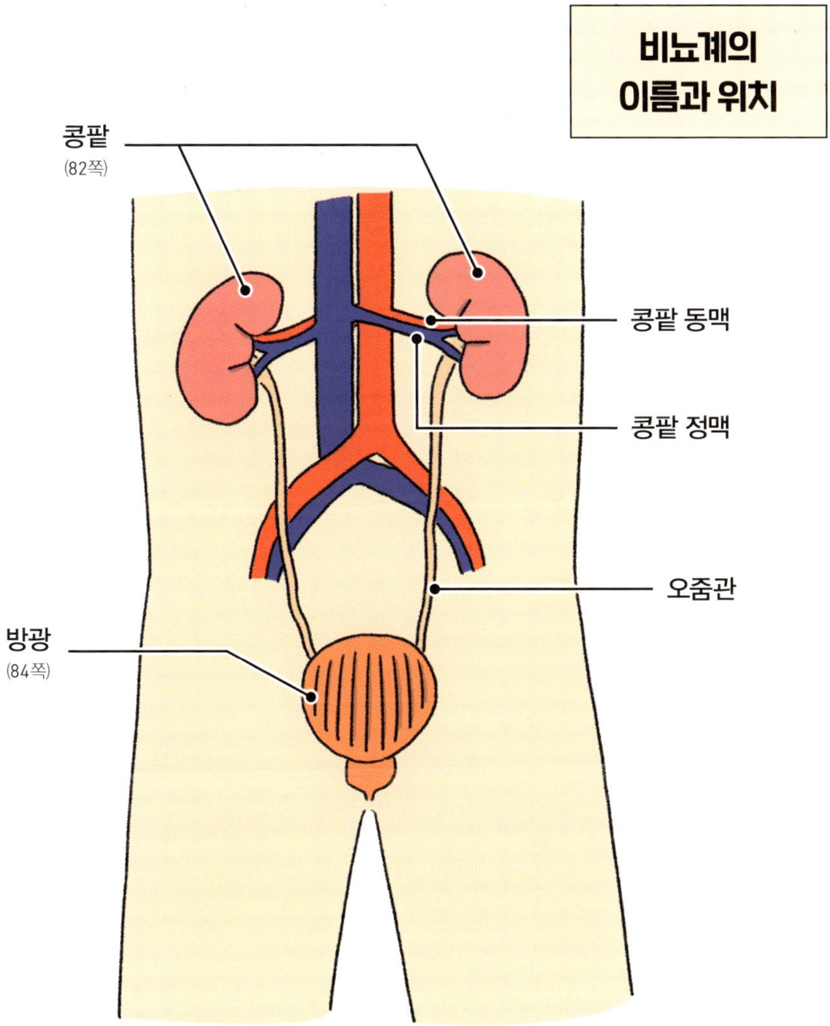

비뇨계의 이름과 위치

- 콩팥 (82쪽)
- 콩팥 동맥
- 콩팥 정맥
- 오줌관
- 방광 (84쪽)

그러면 콩팥부터 먼저 가는 거지?

스윽

…안 가?

그 전에 소개하고 싶은 것이 하나 더 있어.

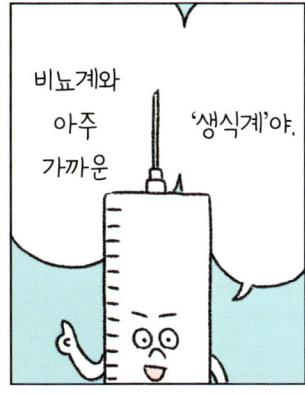

비뇨계와 아주 가까운 '생식계'야.

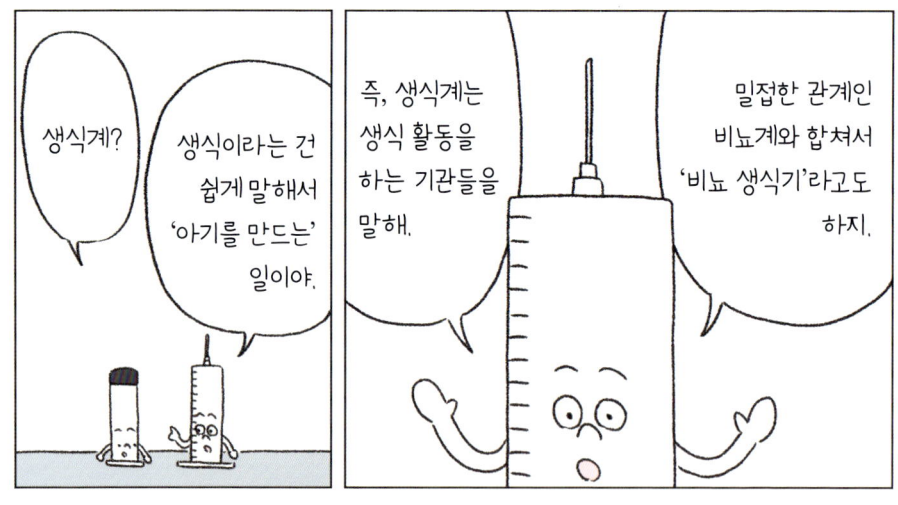

생식계의 이름과 위치

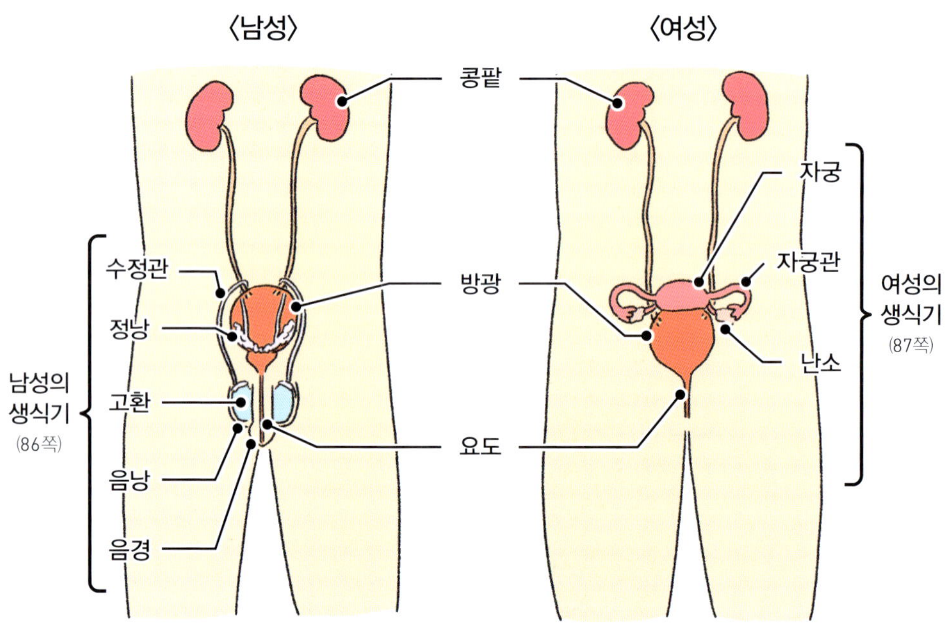

⟨남성⟩ ⟨여성⟩

- 콩팥
- 수정관
- 정낭
- 고환
- 음낭
- 음경
- 방광
- 요도
- 자궁
- 자궁관
- 난소

남성의 생식기 (86쪽)

여성의 생식기 (87쪽)

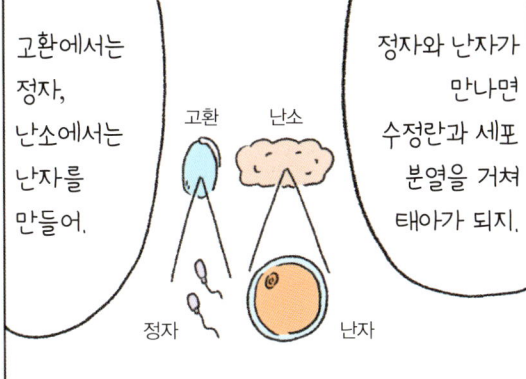

수정에서 탄생까지

❶ 수정
정자가 자궁관에 있는 난자와 만나 수정란이 된다.

❷ 착상
수정란이 세포 분열을 하면서 자궁에 도착한다.

❸ 수정~7주
기본적인 몸의 구조가 갖춰지며 신경과 심장, 눈이 만들어진다.

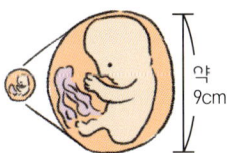

❹ 수정~14주
팔다리를 구분할 수 있고 심장 소리가 들린다.

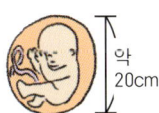

❺ 수정~22주
각종 장기가 만들어져 성별을 알 수 있다.

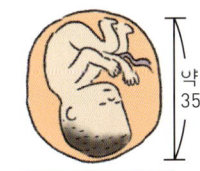

❻ 수정~40주
충분히 성장하면 몸을 뒤집어 세상에 나올 준비를 한다.

콩팥

콩팥(신장)은 허리 부근에서 약간 위, 양쪽에 하나씩 자리하고 있는 강낭콩 모양의 장기이다. 크기는 주먹 정도, 무게는 두 개 합쳐서 약 250그램 정도. 콩팥이 하는 가장 중요한 일은 혈액 속의 불필요한 물질을 오줌으로 만들어 내보내는 것이다. 1분 동안 약 1리터의 혈액이 콩팥으로 들어오는데(전체 혈액량의 약 20퍼센트), 이때 혈액 속 노폐물을 제거해서 혈액을 깨끗한 상태로 유지한다.

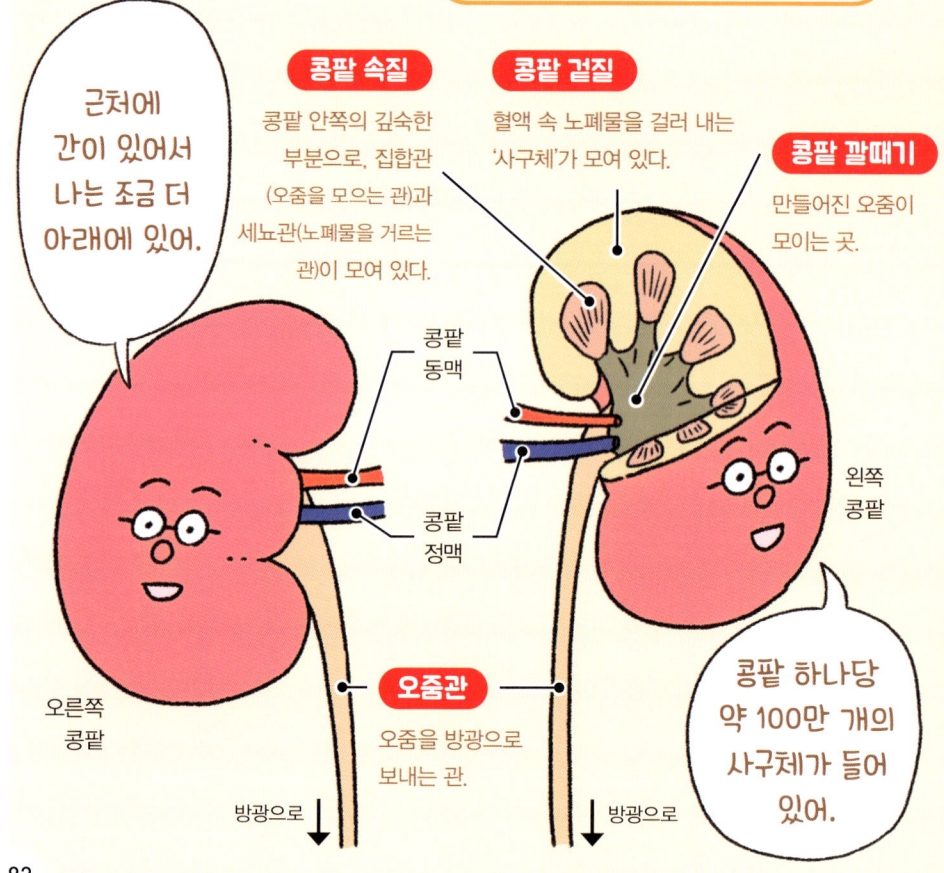

콩팥 속질
콩팥 안쪽의 깊숙한 부분으로, 집합관(오줌을 모으는 관)과 세뇨관(노폐물을 거르는 관)이 모여 있다.

콩팥 겉질
혈액 속 노폐물을 걸러 내는 '사구체'가 모여 있다.

콩팥 깔때기
만들어진 오줌이 모이는 곳.

근처에 간이 있어서 나는 조금 더 아래에 있어.

콩팥 동맥
콩팥 정맥
왼쪽 콩팥
오른쪽 콩팥

오줌관
오줌을 방광으로 보내는 관.

방광으로 ↓
방광으로 ↓

콩팥 하나당 약 100만 개의 사구체가 들어 있어.

좀 더 깊은 이야기

오줌이 만들어지는 콩팥 속으로

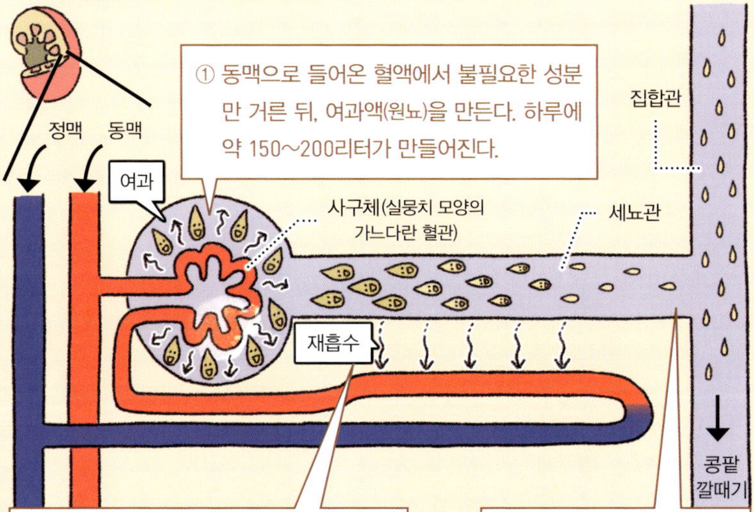

① 동맥으로 들어온 혈액에서 불필요한 성분만 거른 뒤, 여과액(원뇨)을 만든다. 하루에 약 150~200리터가 만들어진다.

정맥 / 동맥 / 여과 / 사구체(실뭉치 모양의 가느다란 혈관) / 세뇨관 / 집합관 / 재흡수 / 콩팥 깔때기

② 원뇨가 세뇨관을 지날 때 몸에 필요한 성분(물과 포도당 등)은 빼내어 다시 혈액으로 보낸다. 이 과정에서 원뇨량이 처음의 100분의 1 정도로 줄어든다.

③ 남은 원뇨는 오줌이 되어 집합관으로 간다. 하루에 약 1~1.5리터의 오줌이 몸 밖으로 배출된다.

이런 오줌, 저런 오줌

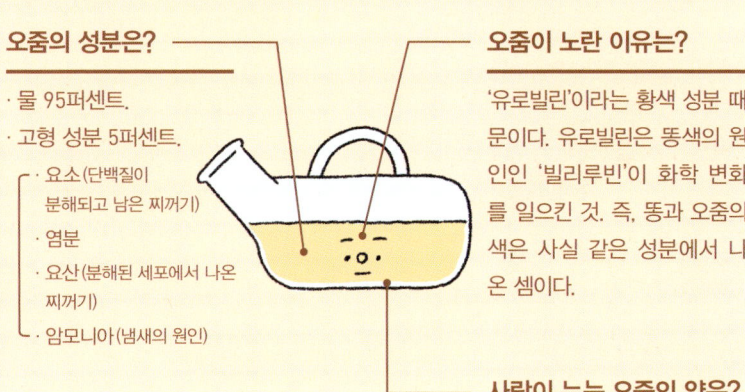

오줌의 성분은?

· 물 95퍼센트.
· 고형 성분 5퍼센트.
  · 요소(단백질이 분해되고 남은 찌꺼기)
  · 염분
  · 요산(분해된 세포에서 나온 찌꺼기)
  · 암모니아(냄새의 원인)

오줌이 노란 이유는?

'유로빌린'이라는 황색 성분 때문이다. 유로빌린은 똥색의 원인인 '빌리루빈'이 화학 변화를 일으킨 것. 즉, 똥과 오줌의 색은 사실 같은 성분에서 나온 셈이다.

사람이 누는 오줌의 양은?

· 하루에 1~1.5리터.
· 하루에 5~7회.

방광

방광은 콩팥에서 만든 오줌을 잠시 보관하는 주머니 모양의 기관이다. 최대 약 600밀리리터 정도의 오줌을 담을 수 있다. 전체가 근육인 방광 벽은 평상시 1센티미터 정도의 두께지만, 오줌이 모이면 크기가 늘어나 3밀리미터까지 얇아진다.

남성은 방광 아래에 '전립샘'이라는 장기가 있는데 나이가 들면 전립샘이 커져서 오줌이 잘 나오지 않는 질병에 걸리기도 한다.

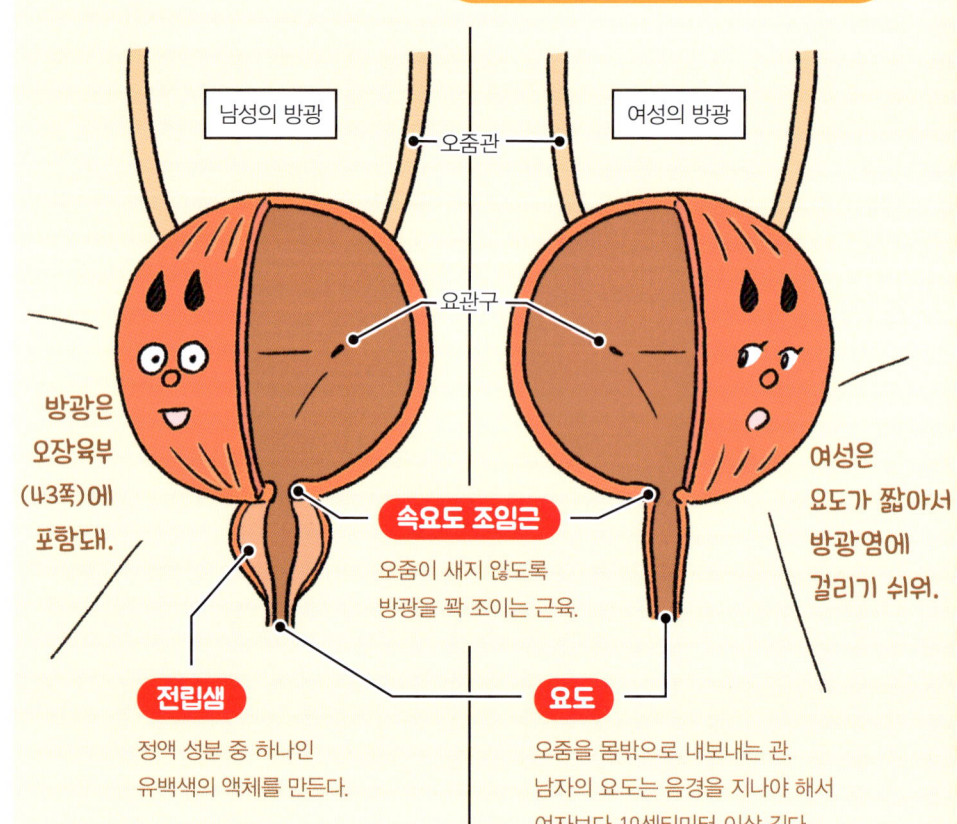

남성의 방광 / 여성의 방광

오줌관

요관구

방광은 오장육부(43쪽)에 포함돼.

속요도 조임근: 오줌이 새지 않도록 방광을 꽉 조이는 근육.

여성은 요도가 짧아서 방광염에 걸리기 쉬워.

전립샘: 정액 성분 중 하나인 유백색의 액체를 만든다.

요도: 오줌을 몸밖으로 내보내는 관. 남자의 요도는 음경을 지나야 해서 여자보다 10센티미터 이상 길다.

일상의 이야기

오줌량에 따른 요의*의 정도

* 오줌이 마려운 느낌.

오줌이 나오기까지…

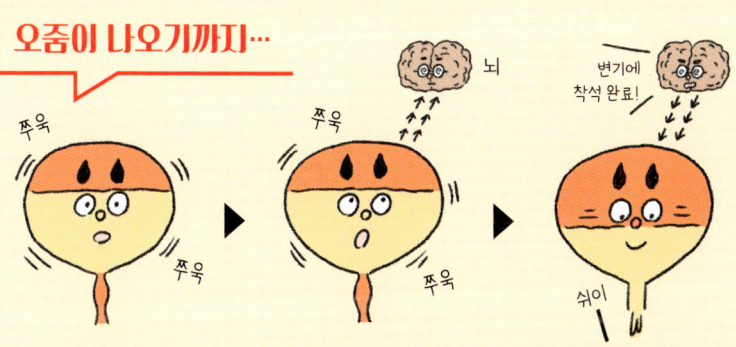

① 방광에 담긴 오줌이 벽을 밀며 방광을 자극한다.

② 자극이 뇌에 전달되어 '오줌이 마렵다'고 느낀다.

③ 뇌가 허락 신호를 보내면 조임근이 느슨해지고 오줌이 나온다.

아는 척하고 싶은 이야기

방광이라고 다 똑같은 게 아니야!

여성의 방광은 자궁에 눌려 있기 때문에 담을 수 있는 오줌의 양이 더 적다. 그래서 일반적으로는 여성이 남성보다 요의를 더 자주 느낀다.

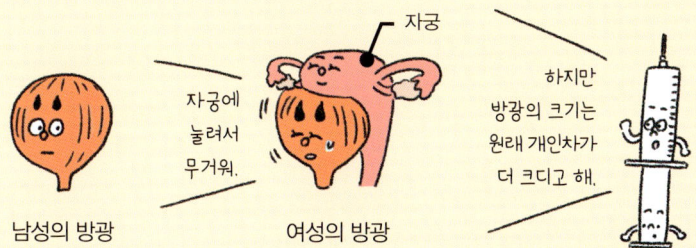

생식기 (남성)

남성의 생식기에는 몸 바깥으로 드러난 음경과 음낭, 몸 안에 있는 수정관 등이 포함된다.
고환에서 만들어진 정자는 정관을 타고 방광 뒤를 돌아 전립샘을 거친 뒤, 요도로 간다. 이 과정에서 정낭, 전립샘, 망울요도샘에서 나오는 분비액과 섞여 '정액'이 되며, 정액이 요도를 통해 몸 밖으로 나오는 것을 '사정'이라고 한다.

좀 더 깊은 이야기

정자를 뜯어 보자!

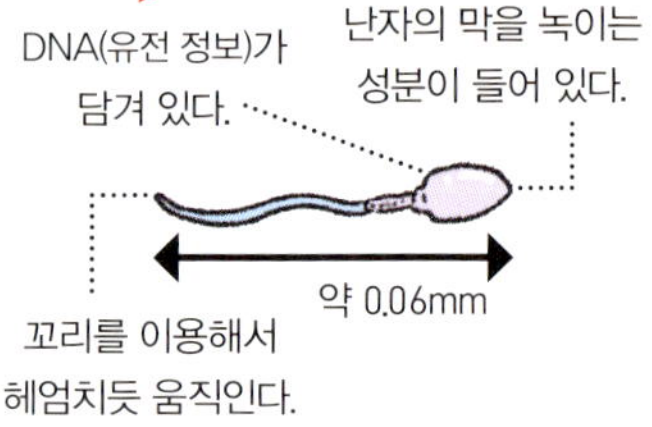

- DNA(유전 정보)가 담겨 있다.
- 난자의 막을 녹이는 성분이 들어 있다.
- 약 0.06mm
- 꼬리를 이용해서 헤엄치듯 움직인다.

하루에 약 3천만 개가 만들어진다.

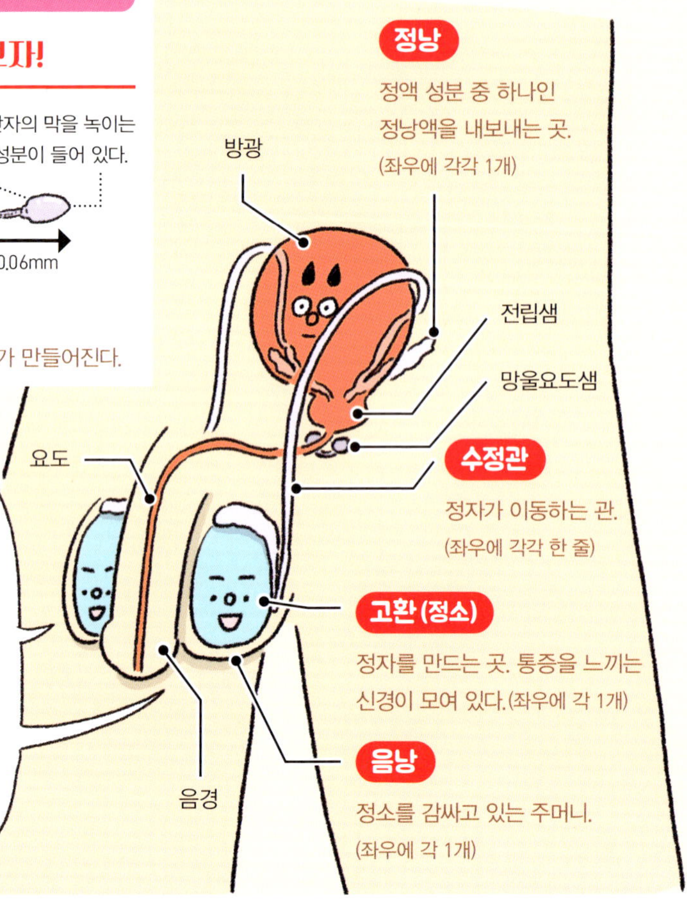

정낭: 정액 성분 중 하나인 정낭액을 내보내는 곳. (좌우에 각각 1개)

방광

전립샘

망울요도샘

수정관: 정자가 이동하는 관. (좌우에 각각 한 줄)

요도

고환 (정소): 정자를 만드는 곳. 통증을 느끼는 신경이 모여 있다. (좌우에 각 1개)

음낭: 정소를 감싸고 있는 주머니. (좌우에 각 1개)

음경

튼튼한 정자가 만들어지는 온도는 체온보다 조금 낮아. 그게 우리가 몸 밖에 있는 이유지.

생식기 (여성)

여성의 생식기는 대부분 골반뼈 안쪽에 있으며, 난소와 자궁, 자궁관, 질 등이 포함된다.
난소에서 만들어진 난자는 자궁관술에게 붙잡혀 자궁으로 이동하는데, 자궁관을 지나는 도중에 정자를 만나게 되면 수정란이 된다. 이 수정란이 자궁벽에 달아붙는 것을 '착상'이라고 한다.

좀 더 깊은 이야기

난자를 뜯어 보자!

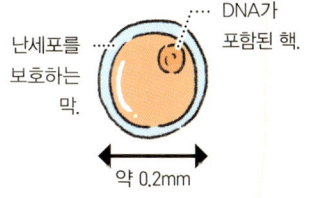

난세포를 보호하는 막.
DNA가 포함된 핵.
약 0.2mm

28~30일 주기로 한 개씩 만들어진다.

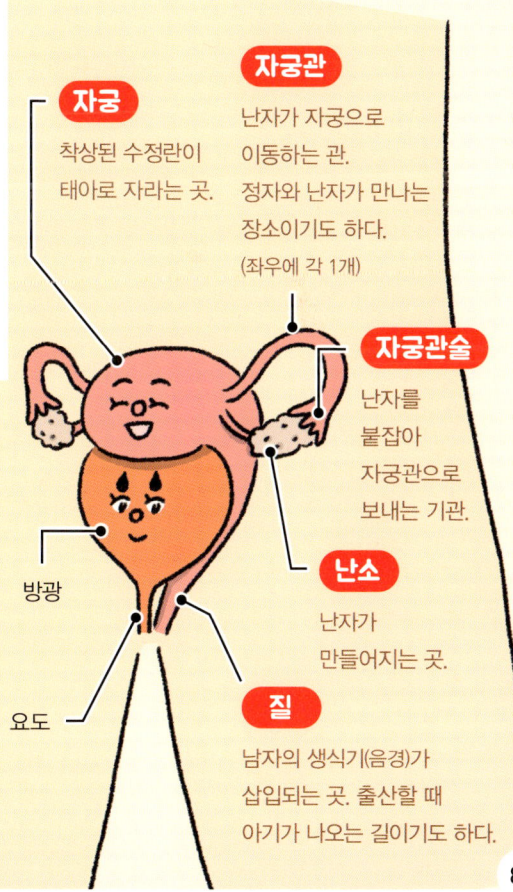

자궁: 착상된 수정란이 태아로 자라는 곳.

자궁관: 난자가 자궁으로 이동하는 관. 정자와 난자가 만나는 장소이기도 하다. (좌우에 각 1개)

자궁관술: 난자를 붙잡아 자궁관으로 보내는 기관.

난소: 난자가 만들어지는 곳.

질: 남자의 생식기(음경)가 삽입되는 곳. 출산할 때 아기가 나오는 길이기도 하다.

방광

요도

원래는 달걀 크기 정도지만, 임신하면 태아가 성장함에 따라 점점 커져.

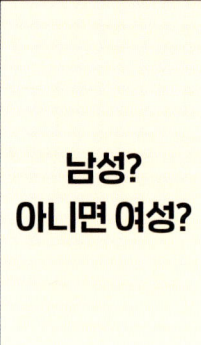

남성? 아니면 여성?

앗, 뼈도?

십 대에 접어들면 생식기뿐만 아니라 뼈대에도 차이가 생겨.

응, 특히 골반뼈가 두드러지게 달라져.

여성의 골반뼈는 남성에 비해 가로로 넓고 중앙 공간도 넓은데, 출산할 때 아기가 쉽게 나올 수 있는 구조 등의 이유 때문이라고 해.

여성의 골반뼈 — 넓다 / 크다
남성의 골반뼈 — 좁다 / 작다

아무튼 지금까지는 남녀를 신체적 특징에서 살펴봤는데…,

콩

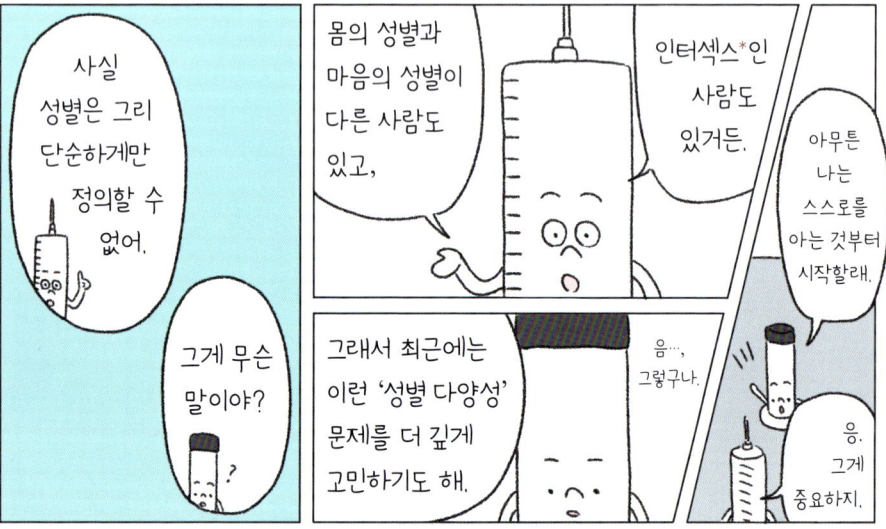

사실 성별은 그리 단순하게만 정의할 수 없어.

그게 무슨 말이야?

몸의 성별과 마음의 성별이 다른 사람도 있고,

인터섹스*인 사람도 있거든.

아무튼 나는 스스로를 아는 것부터 시작할래.

그래서 최근에는 이런 '성별 다양성' 문제를 더 깊게 고민하기도 해.

음…, 그렇구나.

응, 그게 중요하지.

* 인터섹스 : 남성과 여성의 생식기를 모두, 혹은 불완전하게 가지고 있는 사람.

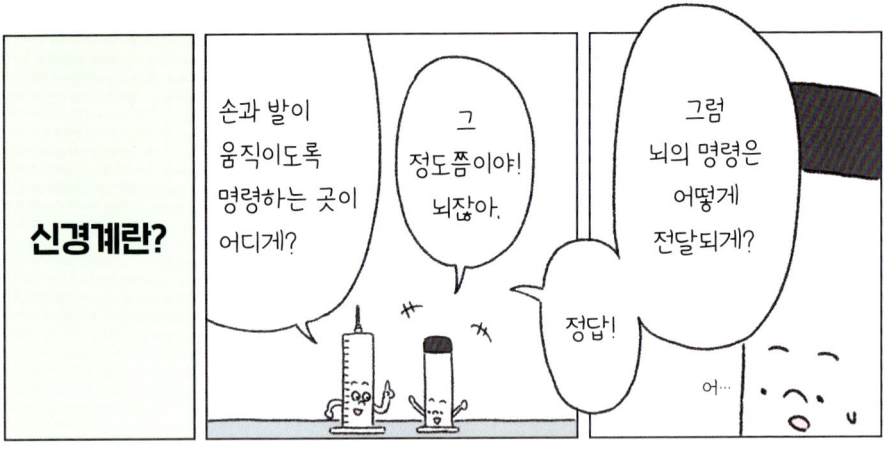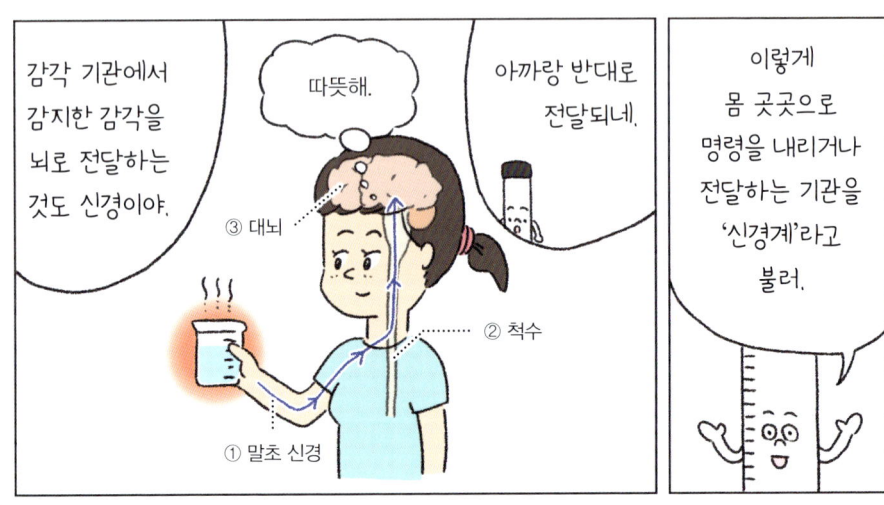

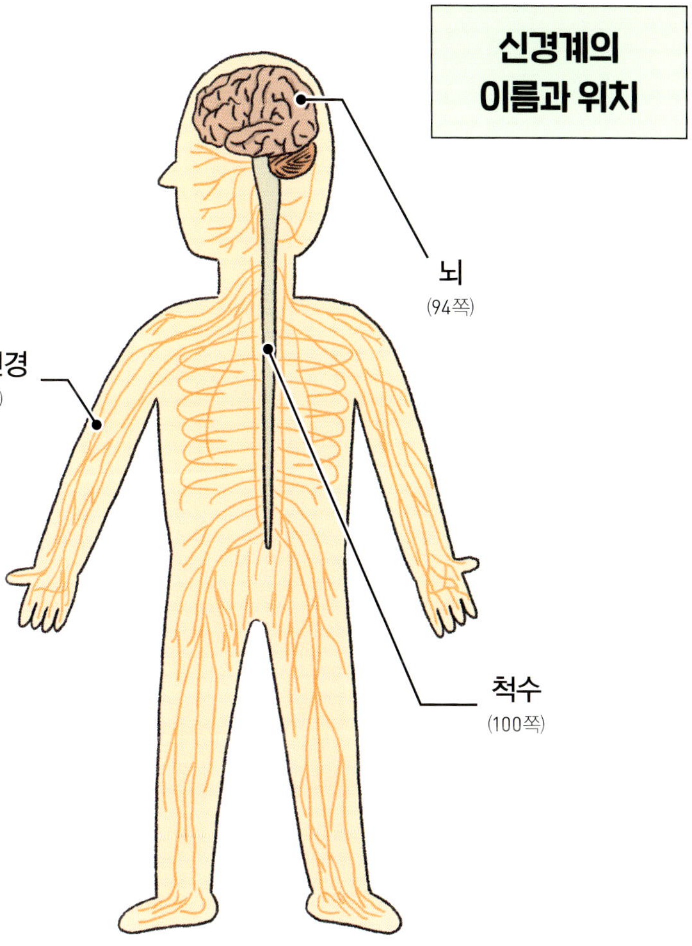

신경계의 이름과 위치

뇌
(94쪽)

말초 신경
(105쪽)

척수
(100쪽)

오호, 뇌도 신경계에 속하는구나.

맞아! 뇌랑 척수를 아울러서 '중추 신경'이라고 해.

그리고 뇌, 척수, 말초 신경은 '뉴런'이라고도 하는 신경 세포로 이루어져 있지.

신경 세포?

감각의 전달꾼, 신경 세포 (뉴런)

별 모양의 '세포체'에 기다란 실 같은 '신경 돌기'가 이어져 있는 형태로, 전기 신호를 이용해 정보를 전달한다. 예를 들어 손으로 무언가를 만지면 그 자극이 전기 신호로 바뀐 뒤, 신경 세포를 타고 뇌에 도달하는 것. 이때 전기 신호의 속도는 최대 시속이 360킬로미터에 달한다.

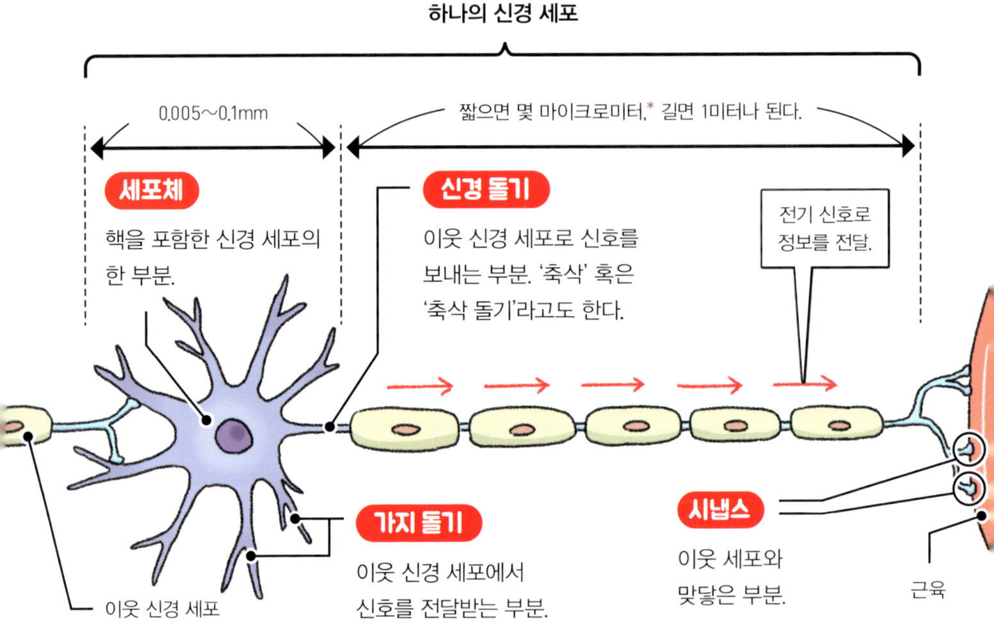

하나의 신경 세포

0.005~0.1mm / 짧으면 몇 마이크로미터,* 길면 1미터나 된다.

세포체: 핵을 포함한 신경 세포의 한 부분.

신경 돌기: 이웃 신경 세포로 신호를 보내는 부분. '축삭' 혹은 '축삭 돌기'라고도 한다.

가지 돌기: 이웃 신경 세포에서 신호를 전달받는 부분.

시냅스: 이웃 세포와 맞닿은 부분.

전기 신호로 정보를 전달.

이웃 신경 세포 / 근육

* 1마이크로미터(㎛) = 0.001밀리미터(㎜)

이렇게 신경 세포가 모여 다발을 이룬 게 말초 신경이야. 뇌와 척수에도 신경 세포가 잔뜩 모여 있는데, 뇌에만 무려 천억 개가 넘게 있다고 해.

처, 천억?

아무튼 이런 세포가 뇌, 척수, 말초 신경을 구성한다는 걸 잘 알아 둬.

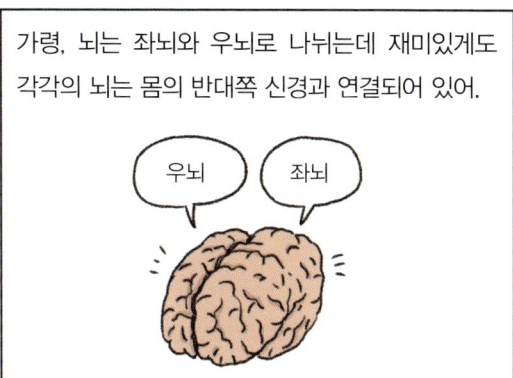

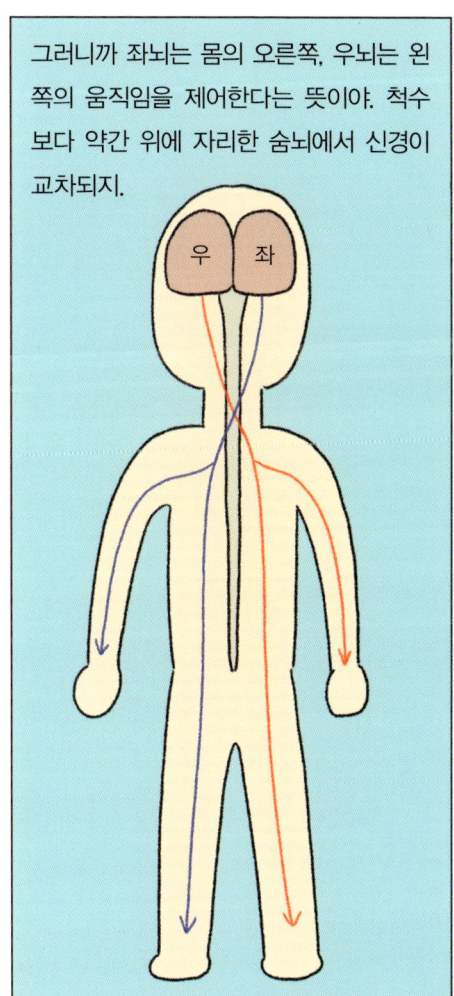

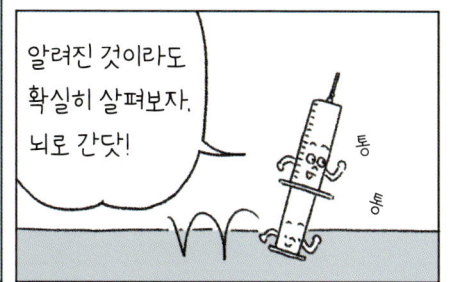

뇌

단단한 머리뼈의 보호를 받고 있는 뇌는, 무게 약 1.3킬로그램 정도이며 두부처럼 부드럽다.
우리 몸의 '중추'라고도 하는데, 대뇌, 소뇌, 뇌줄기로 구분되는 각 부분이 기억과 감정, 비판 등의 정신 기능뿐 아니라 체온과 호흡, 면역 등 생명 유지 또한 제어하고 있기 때문이다.
중요한 역할을 하는 만큼 혈액을 가장 많이 사용하는 기관이기도 해서 심장이 내보내는 혈액의 약 20퍼센트가 뇌로 흘러간다.

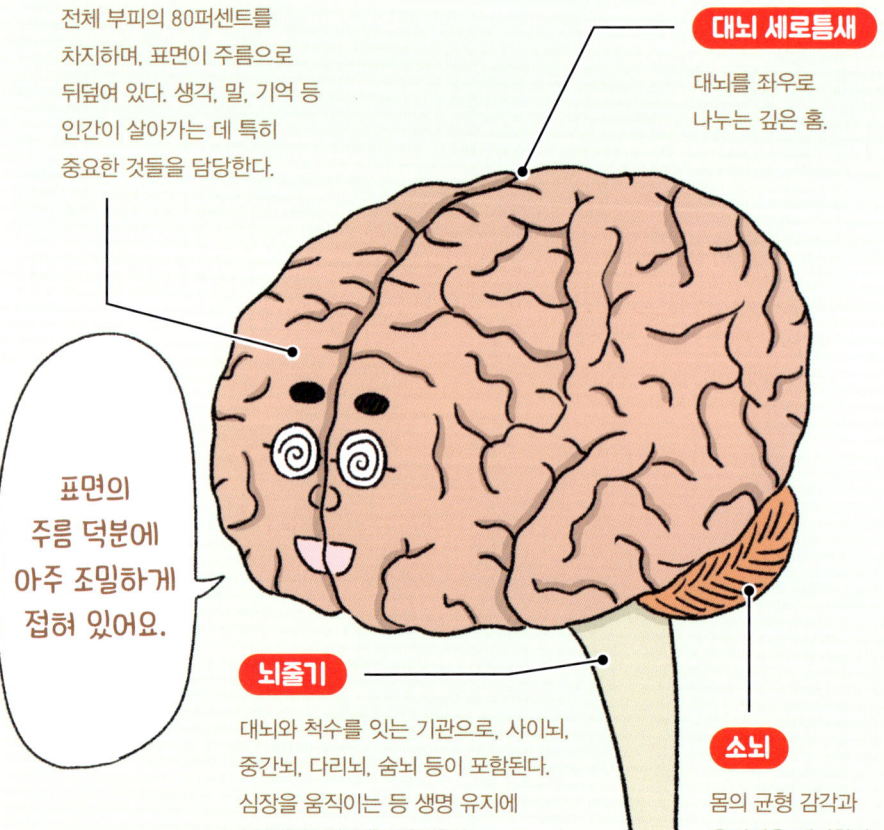

대뇌
전체 부피의 80퍼센트를 차지하며, 표면이 주름으로 뒤덮여 있다. 생각, 말, 기억 등 인간이 살아가는 데 특히 중요한 것들을 담당한다.

대뇌 세로틈새
대뇌를 좌우로 나누는 깊은 홈.

표면의 주름 덕분에 아주 조밀하게 접혀 있어요.

뇌줄기
대뇌와 척수를 잇는 기관으로, 사이뇌, 중간뇌, 다리뇌, 숨뇌 등이 포함된다. 심장을 움직이는 등 생명 유지에 필수적인 것들을 조절한다.

소뇌
몸의 균형 감각과 움직임을 제어한다.

복잡다단한 뇌의 단면

우왓! 복잡해~

좀 더 깊은 이야기 ①

대뇌 겉질 (대뇌)
대뇌의 표면.
언어, 기억, 창조 등 다양한
활동을 담당하는 부분.
(자세한 내용은 96쪽으로)

뇌들보 (대뇌)
좌뇌와 우뇌를 잇는 부분.

시상 (뇌줄기)
후각을 뺀 모든 감각을
대뇌로 전달하는 부분.

시상 하부 (뇌줄기)
장기의 움직임을 조절해서
몸속 환경을 제어하는 부분.

대뇌

중간뇌 (뇌줄기)
시각, 청각 등의
감각과 관련된 부분.

편도체 (대뇌)
공포와 불안,
좋고 싫음 등 감정에
관련된 부분.

뇌줄기

소뇌

해마 (대뇌)
기억, 학습과 관련된 부분.
바닷물고기인 해마와
닮았다고 해서 붙은
이름이다.

해마(뇌 속)

해마(물고기)

숨뇌 (뇌줄기)
호흡과 심장의 움직임
등을 담당하는 부분.

가지각색 대뇌 겉질의 일, 일, 일!

대뇌 겉질은 크게 이마엽, 마루엽, 뒤통수엽, 관자엽의 네 부분으로 나뉜다. 네 개의 엽은 저마다 다른 기능을 한다.

좀 더 깊은 이야기 ②

운동 겉질
근육에 운동 명령을 내리는 곳.

이마엽앞 겉질
뇌로 온 정보를 종합하여 사고 및 의사 결정을 내리는 곳. '이마엽 연합영역'이라고도 한다.

몸감각 겉질
피부 등으로부터 전달된 더위, 추위 등의 각종 감각을 느끼는 곳.

감각성 언어중추
말의 의미를 이해하는 곳. '베르니케 영역'이라고도 한다.

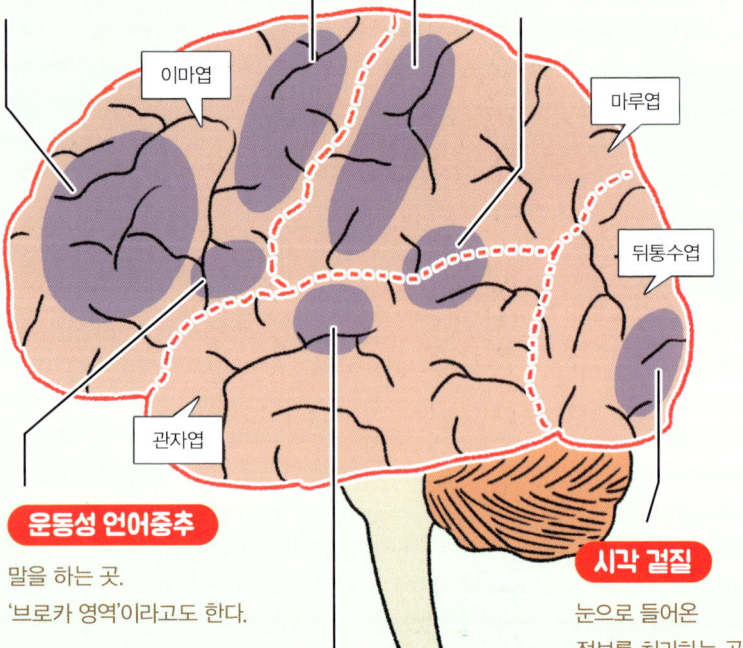

운동성 언어중추
말을 하는 곳. '브로카 영역'이라고도 한다.

시각 겉질
눈으로 들어온 정보를 처리하는 곳.

청각 겉질
귀로 들어온 정보를 처리하는 곳.

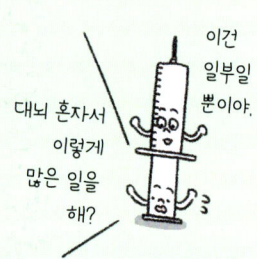

대뇌 혼자서 이렇게 많은 일을 해?

이건 일부일 뿐이야.

아는 척하고 싶은 이야기

꾸깃꾸깃 뇌의 주름

주름을 모두 편다고 가정하면 대뇌의 표면적은 약 신문지 한 장(약 2000제곱센티미터) 크기가 된다. 한편, 소뇌의 표면적은 그 절반인 신문지 반 장만큼이다.

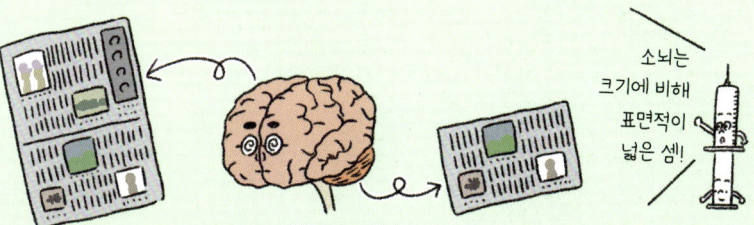

지끈지끈 두통을 느끼는 뇌?

머릿속이 지끈거리는 두통이 뇌에서 느껴지는 것이라고 생각할 수 있지만, 사실 뇌 자체는 통증을 감지하지 못한다. 실제로는 뇌 바깥쪽의 막이나 근육 등이 통증을 느끼는 것.

일상의 이야기

24시간 풀가동 중!

꿈을 꾸는 이유에 대해서는 아직 명확히 밝혀진 것이 없다. 다만 뇌는 깨어 있는 동안 얻은 정보를 수면 중에 정리하곤 하는데, 그런 뇌의 활동과 관련이 있지 않을까 추측할 뿐이다.

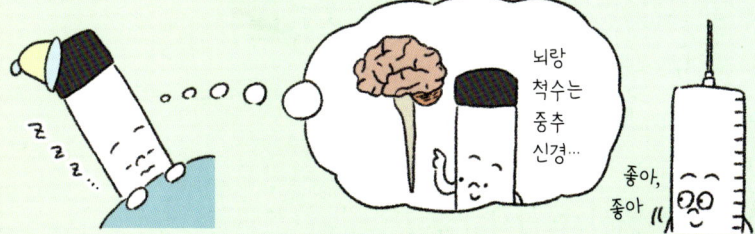

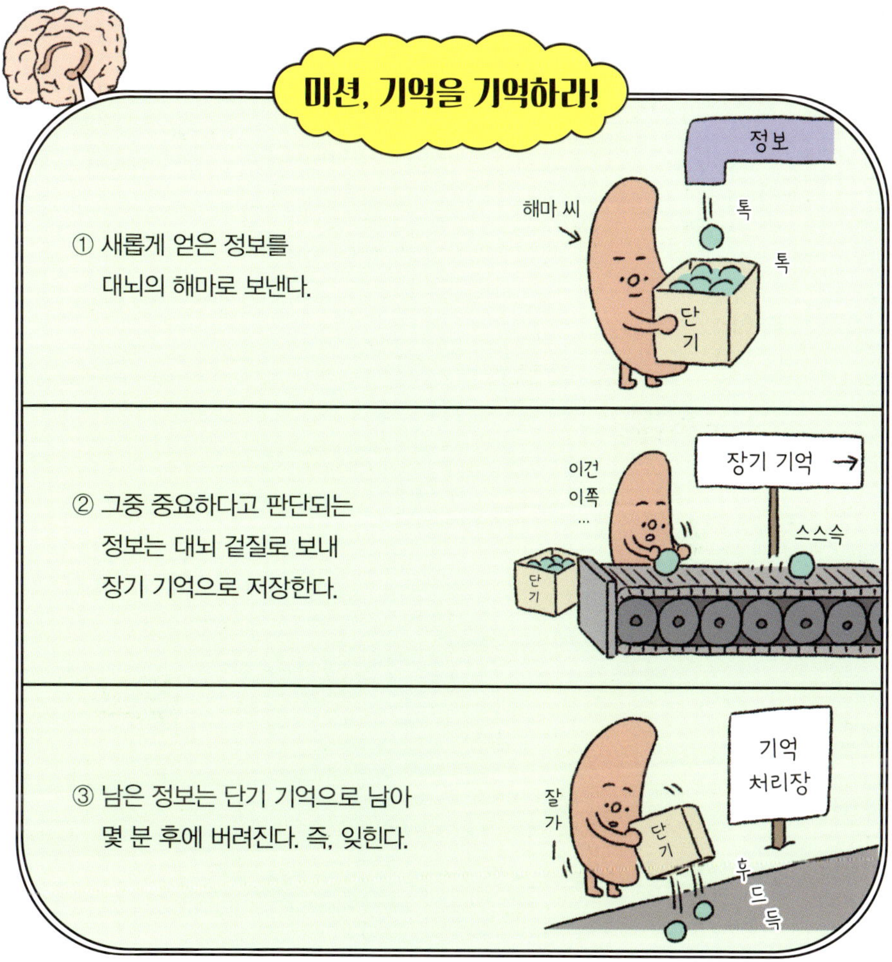

미션, 기억을 기억하라!

① 새롭게 얻은 정보를 대뇌의 해마로 보낸다.

② 그중 중요하다고 판단되는 정보는 대뇌 겉질로 보내 장기 기억으로 저장한다.

③ 남은 정보는 단기 기억으로 남아 몇 분 후에 버려진다. 즉, 잊힌다.

뭐, 설명은 이렇게 했지만 사실 정확하게 알려진 건 아니야.

그저 해마가 기억과 관련 있다는 것만 밝혀졌지.

배운 걸 장기 기억으로 만들려면 어떻게 해야 해?

몇 번이고 반복해서 외우는 게 최고지.

그렇군!

대뇌, 소뇌, 그리고 뇌줄기, 뇌줄기, 뇌줄기, 뇌줄기….

무리하진 말고.

척수

두께 약 1센티미터, 길이 약 40센티미터의 척수는 척추뼈에 감싸인 기관으로, 뇌줄기와 맞닿은 곳에서 시작해 목을 거쳐 등 한가운데까지 이어져 있다.
몸의 각 부분에서 감지한 감각을 뇌로 전달하거나, 반대로 뇌에서 내린 명령을 각 부분에 전달하는 중간 다리 역할을 한다. 또, 뜨거운 물건을 만졌을 때 순간적으로 손을 거두어들이는 등의 '무조건 반사'를 담당한다.

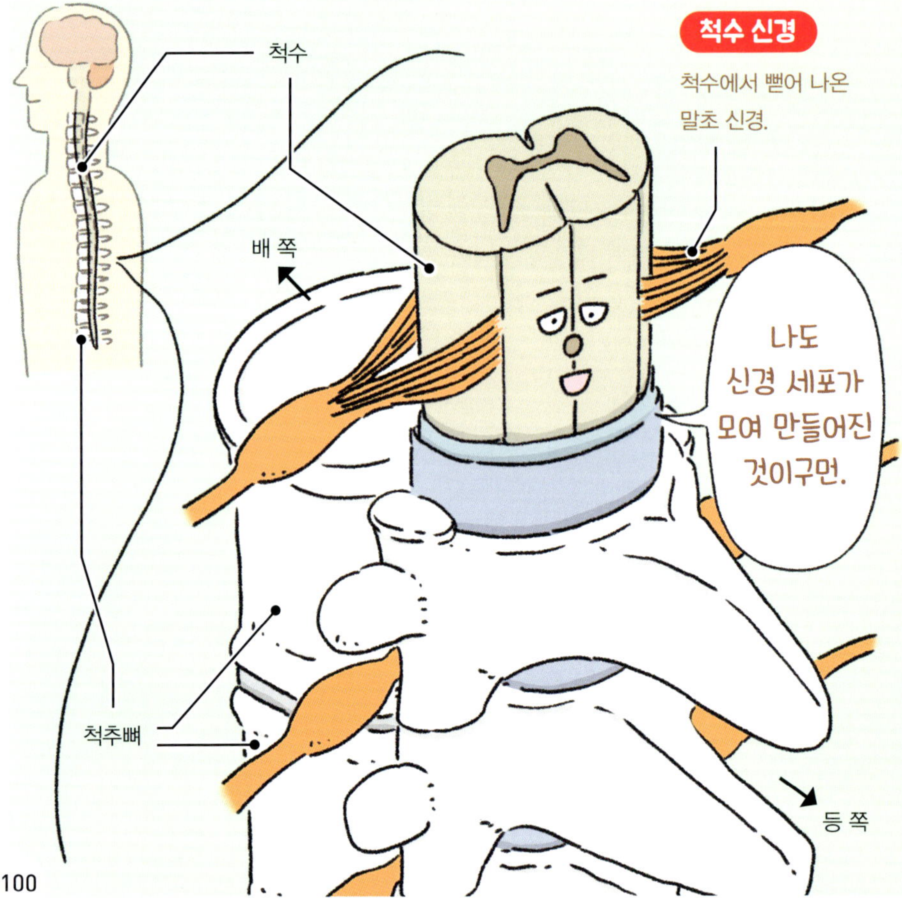

척수 신경
척수에서 뻗어 나온 말초 신경.

나도 신경 세포가 모여 만들어진 것이구먼.

척수

배 쪽

척추뼈

등 쪽

척수가 활약하는 '무조건 반사'

'반사'는 자신의 의지와 상관없이 자극을 받은 순간, 기계적으로 일어나는 반응이다. 반사에도 여러 종류가 있는데, 뜨거운 물건을 만졌을 때 자신도 모르게 손을 떼는 등의 행동을 '무조건 반사(척수 반사)'라고 한다. 뇌를 거치지 않는 만큼, 의식적인 행동보다 반응 속도가 빠른 편이다.

좀 더 깊은 이야기

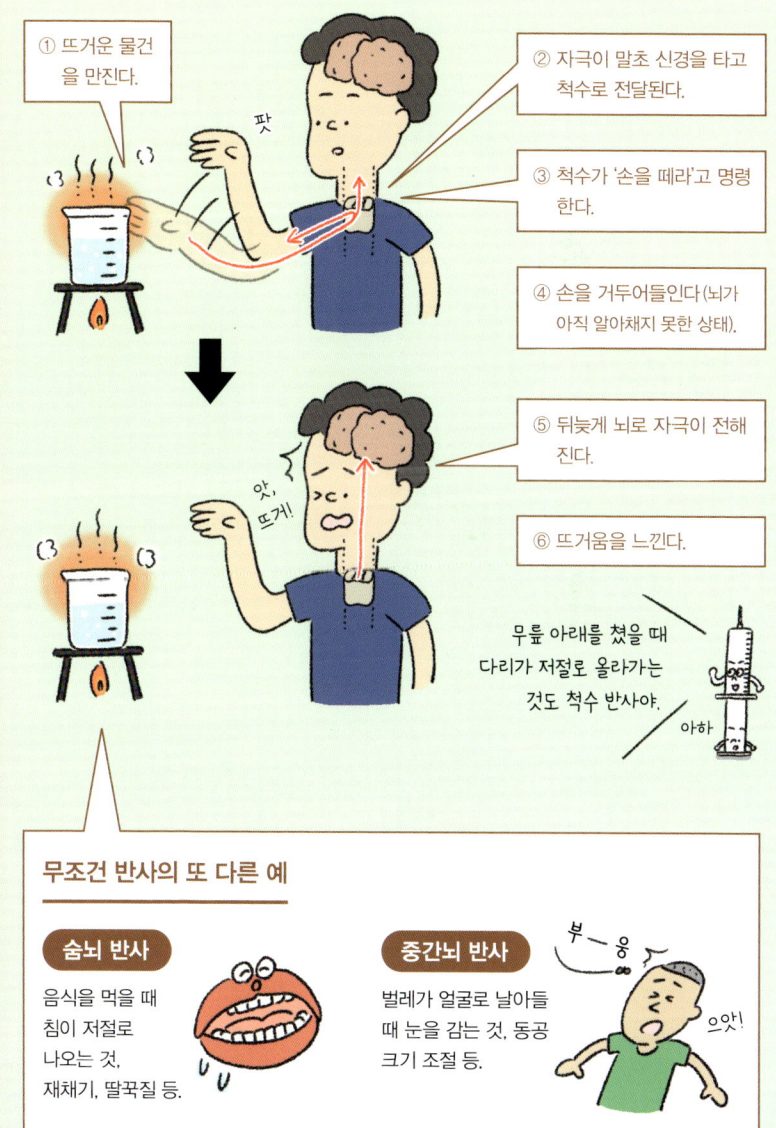

① 뜨거운 물건을 만진다.
② 자극이 말초 신경을 타고 척수로 전달된다.
③ 척수가 '손을 떼라'고 명령한다.
④ 손을 거두어들인다(뇌가 아직 알아채지 못한 상태).
⑤ 뒤늦게 뇌로 자극이 전해진다.
⑥ 뜨거움을 느낀다.

무릎 아래를 쳤을 때 다리가 저절로 올라가는 것도 척수 반사야.

무조건 반사의 또 다른 예

숨뇌 반사
음식을 먹을 때 침이 저절로 나오는 것, 재채기, 딸꾹질 등.

중간뇌 반사
벌레가 얼굴로 날아들 때 눈을 감는 것, 동공 크기 조절 등.

말초 신경

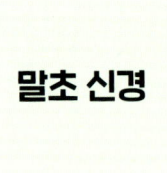

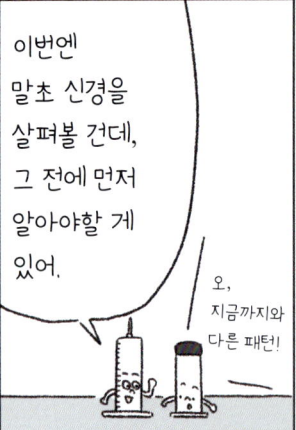

이번엔 말초 신경을 살펴볼 건데, 그 전에 먼저 알아야할 게 있어.

오, 지금까지와 다른 패턴!

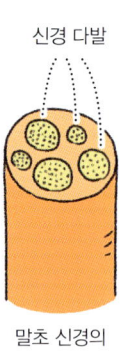

말초 신경은 굵기가 일정하지 않고 다양해. 어떤 것은 수천 가닥의 신경 세포가 다발을 이룬 경우도 있지.

신경 다발

말초 신경의 단면

> 정신없이 바쁜

체성 신경 : 온몸의 움직임과 감각을 조절한다.
(스스로의 의지와 관계있음)

감각 신경
몸 밖에서 받은 자극(감각)을 뇌와 척수로 전달.

(예)

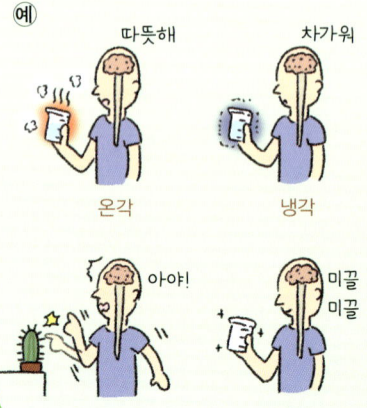

따뜻해 / 차가워 / 아야! / 미끌미끌

온각 / 냉각 / 통각 / 촉각

운동 신경
뇌와 척수의 명령을 주로 근육으로 전달.

(예)

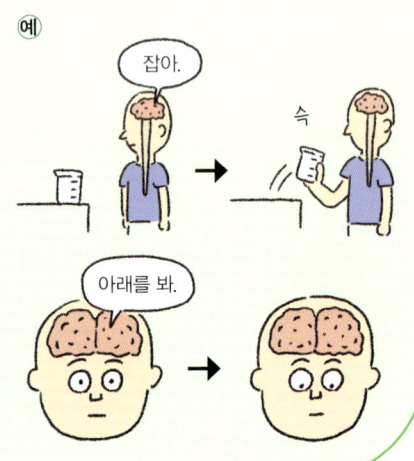

잡아. / 슉

아래를 봐.

102

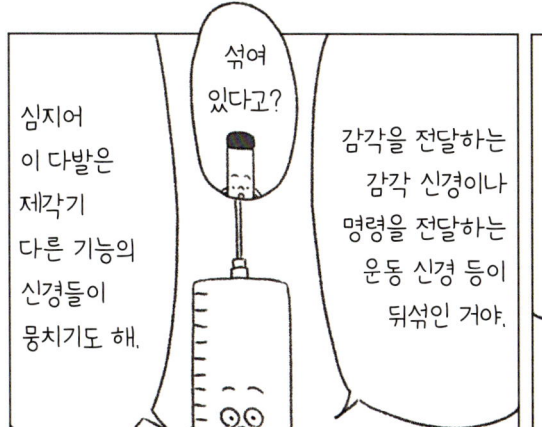
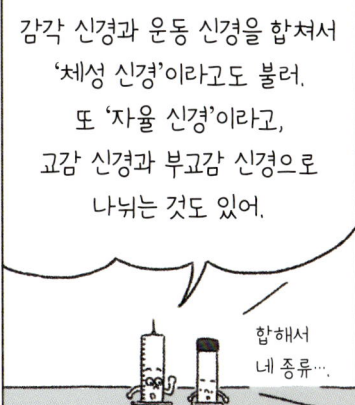

말초 신경의 하루

자율 신경 : 장기의 움직임을 조절한다.
(스스로의 의지와 관계없음)

교감 신경
몸을 흥분 혹은 긴장 상태로 만듦.

예)
- 심박수 증가 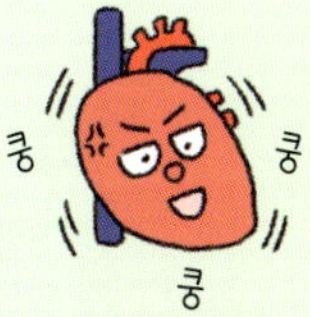
- 동공 확대 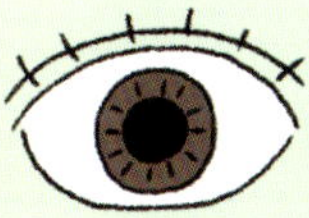
- 배뇨 억제 
- 배변 억제

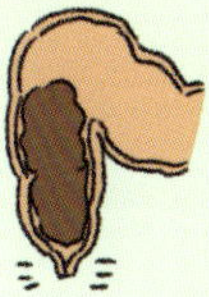

부교감 신경
몸을 느슨하게 이완된 상태로 만듦.

예)
- 심박수 감소 
- 동공 축소 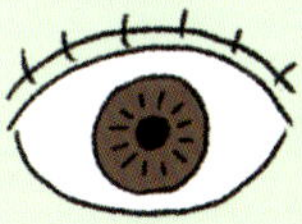
- 배뇨 촉진 
- 배변 촉진

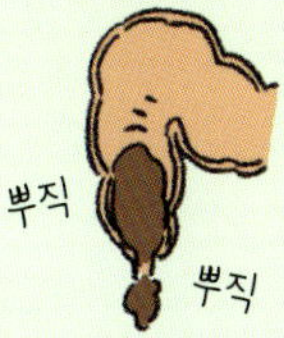

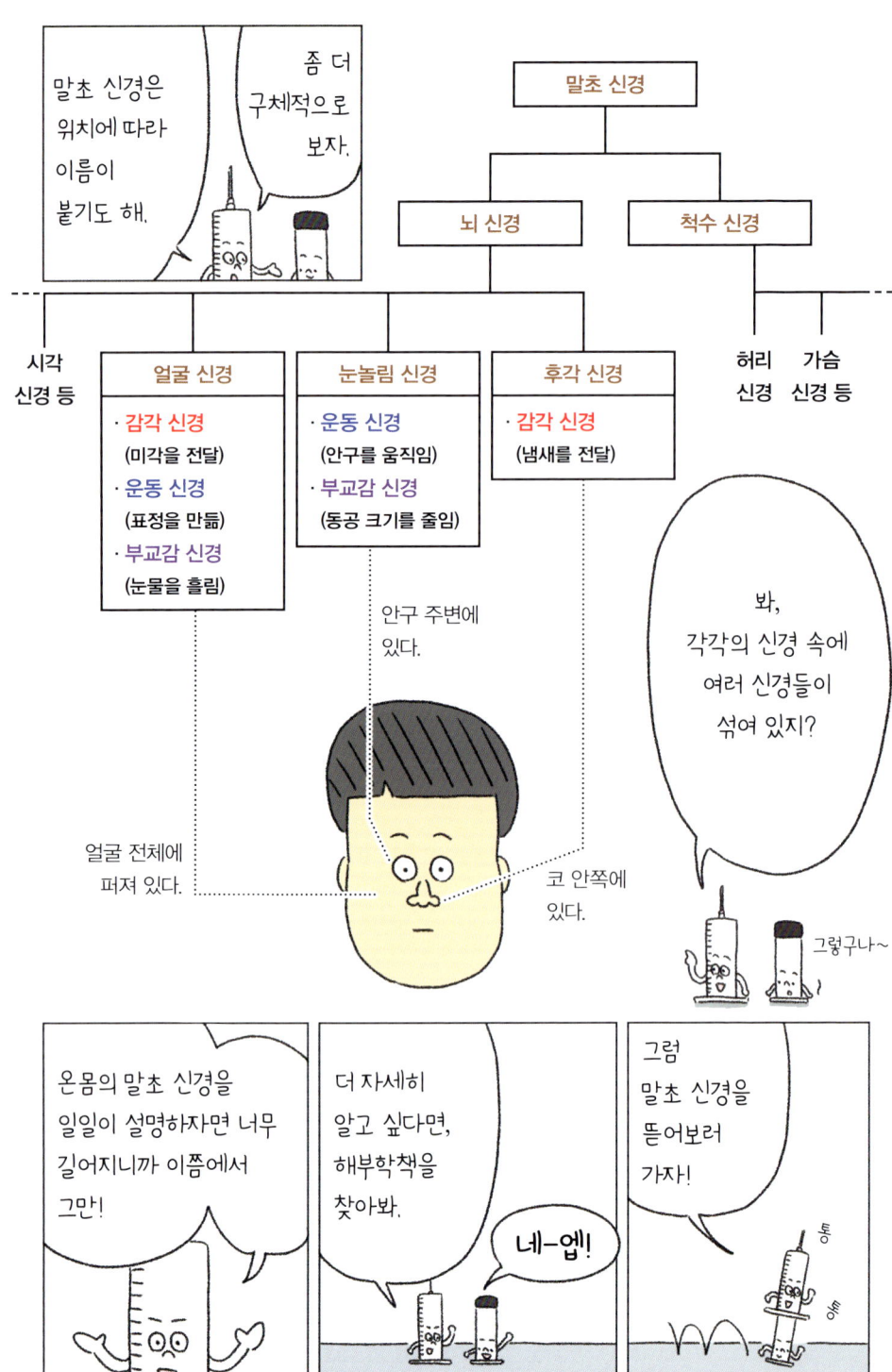

말초 신경

말초 신경은 신경 세포의 신경 돌기들이 모여 다발을 이룬 것이다. 온몸 여기저기로 뻗어 외부의 자극을 뇌로 전달하거나 뇌의 명령을 각 부분에 전달하는 일을 한다. 기능에 따라 '체성 신경'과 '자율 신경'으로, 위치에 따라 '뇌 신경'과 '척수 신경'으로 분류한다.

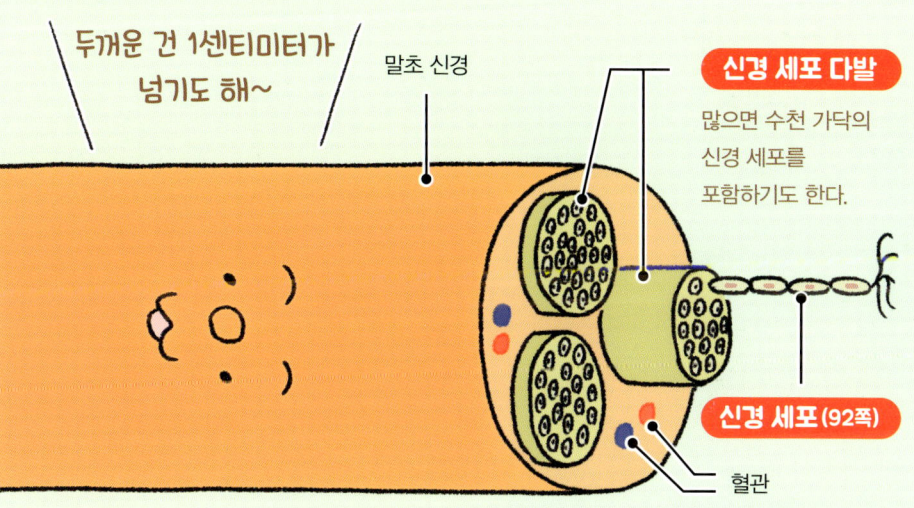

두께운 건 1센티미터가 넘기도 해~

말초 신경

신경 세포 다발
많으면 수천 가닥의 신경 세포를 포함하기도 한다.

신경 세포 (92쪽)

혈관

일상의 이야기

오돌토돌 닭살이 돋는 과정

추위를 느끼면 돋아나는 닭살은 자율 신경의 하나인 '교감 신경'과 관련이 있다. 외부에서 강한 자극을 받으면 교감 신경이 활발해져 입모근이 수축한다. 그러면 털이 곤두서고 털구멍의 피부가 부풀어 오른 상태(닭살)가 된다.

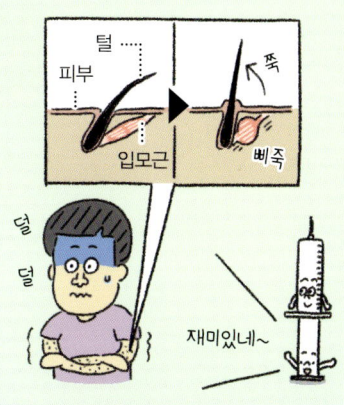

시냅스의 정보 전달 구조

손으로 느낀 감각이나 눈으로 본 풍경 등의 다양한 정보가 전기 신호로 바뀌어 신경 세포를 통해 전달된다는 사실은 앞에서(92쪽) 설명했지? 여기서는 신경 세포의 정보 전달 과정을 조금 더 자세히 알려 주려고 해.

신경 세포에서 뻗어 나온 신경 돌기는 다른 신경 세포나 근육 등과 연결되어 있어. 이 부분을 '시냅스'라고 해. 시냅스를 확대해 보면 그 사이에 작은 틈이 있는 걸 볼 수 있는데, 신경 세포를 지나온 전기 신호는 이곳을 통과하기 위해 화학 물질, 즉 '신경 전달 물질'로 바뀌어. 이 과정을 간단히 정리하면 아래와 같아.

❶ 신경 세포를 지나온 전기 신호가 세포 끝을 자극함.
❷ 자극받은 곳에서 신경 전달 물질이 나옴.
❸ 연결되어 있는 다른 신경 세포와 근육 세포가 신경 전달 물질을 낚아챔.
❹ 낚아챈 물질을 새로운 전기 신호로 바꾸어 앞으로 전달.

즉 '전기 신호'와 '신경 전달 물질'이 열심히 활동하는 덕에, 몸을 움직이거나 사물을 보는 등의 다양한 활동이 가능한 셈이지.

참고로 '신경 전달 물질'의 종류는 100가지가 넘어. 흥분 상태로 만드는 '아드레날린', 반대로 안정시키는 '세로토닌', 혈압을 낮추는 '가바' 등이 유명하지. 이런 물질은 불규칙적으로 생활하면 제 기능을 못하니까 주의할 것!

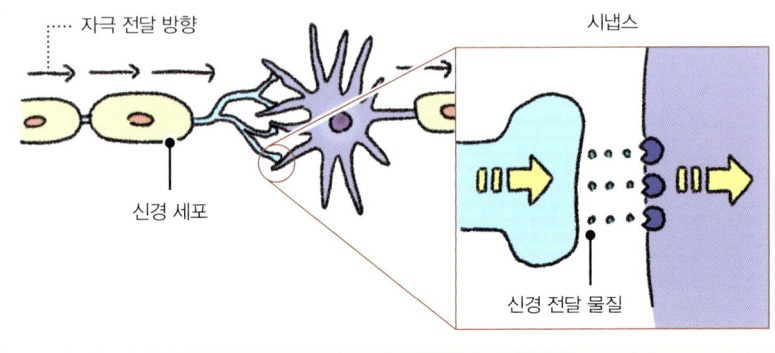

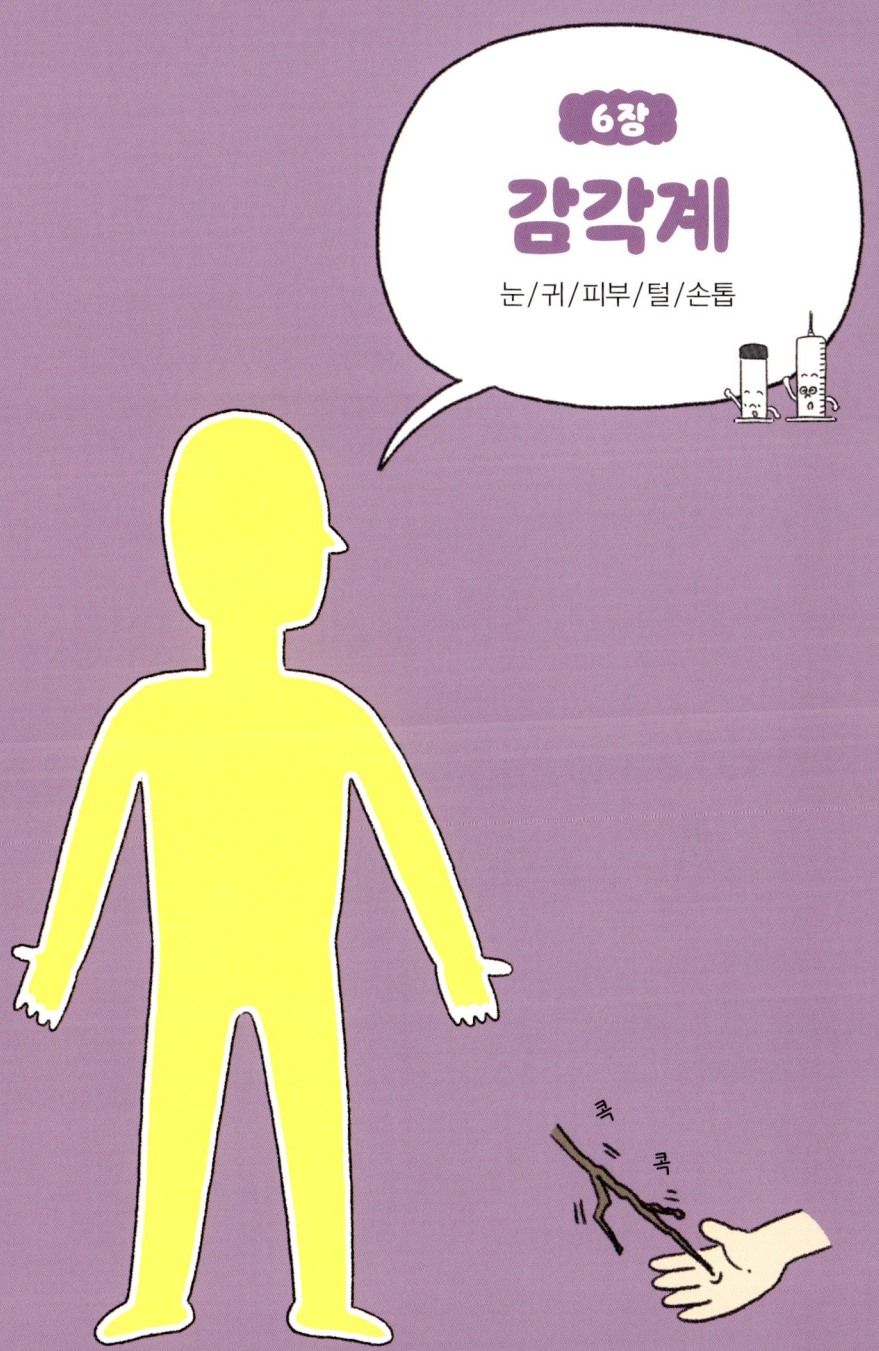

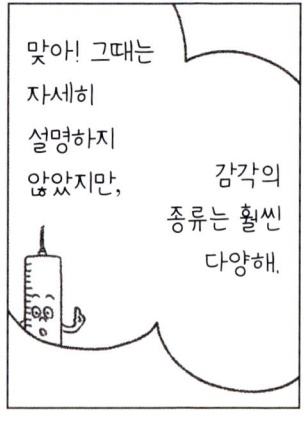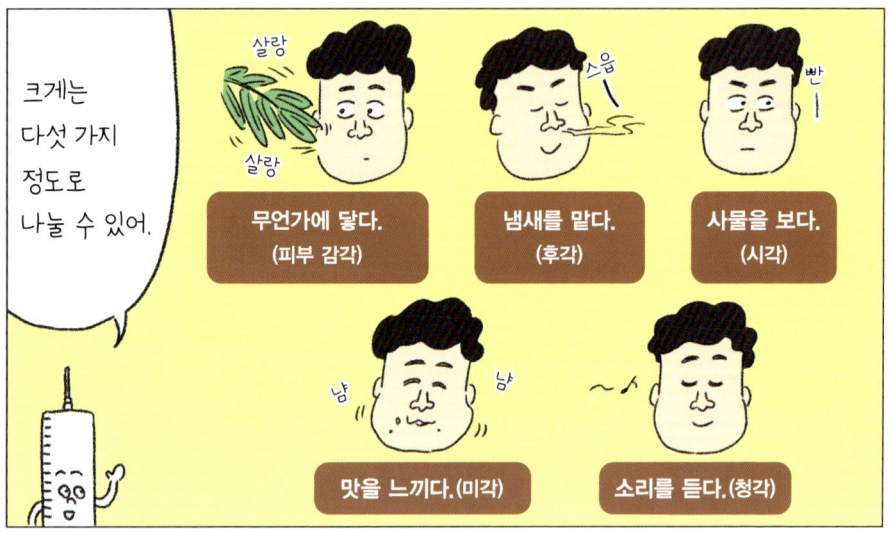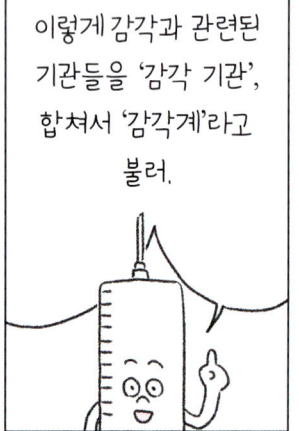

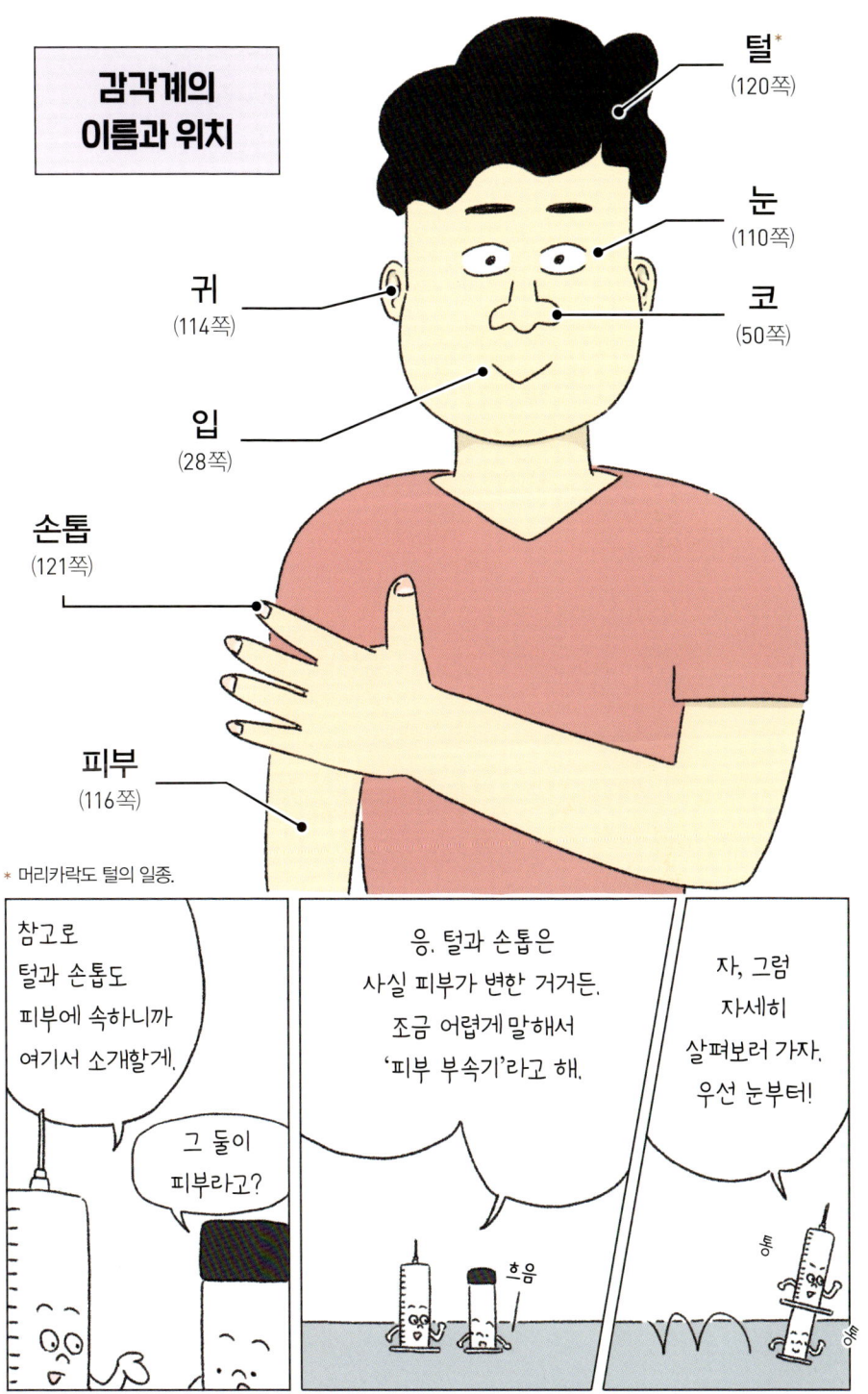

눈

눈은 사물의 색, 형태, 입체감 등 시각 정보를 얻는 기관이다. '빛의 양 조절', '초점 조절', '빛과 색 감지' 등 여러 기능을 하는데, 그 덕분에 사물을 '보는' 일이 가능하다.
한편, 눈 위쪽의 눈물샘에서는 항균 물질이 포함된 눈물을 분비해서 눈 표면(각막)이 건조해지는 것을 막는 동시에 눈을 청결하게 유지하는 일도 한다.

안구 근육
안구를 움직이는 근육으로, 총 여섯 종류가 있다.

> 사물이 보이는 과정은 112쪽을 확인해.

안구
지름 약 2.5센티미터의 구체.

동공
빛이 들어오는 안구 중앙 부분.

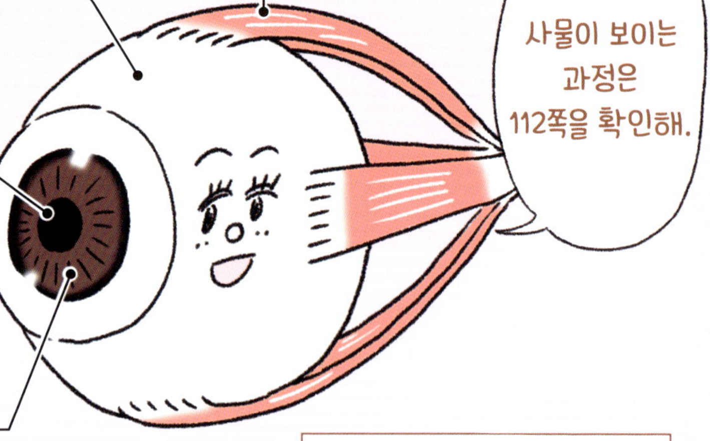

홍채
동공을 둘러싼 도넛 모양 부분. 크기를 변화시켜 눈으로 들어오는 빛의 양을 조절한다.

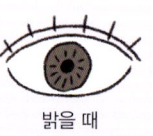
밝을 때

어두울 때

눈물은 눈을 촉촉하게 만든 뒤, 코눈물관을 타고 코로 들어가 콧물이 된다.

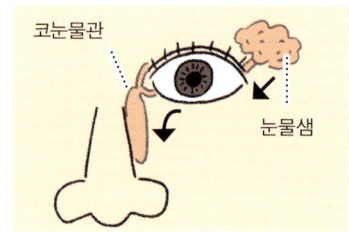
코눈물관 / 눈물샘

작지만 알찬 눈의 구조

좀 더 깊은 이야기

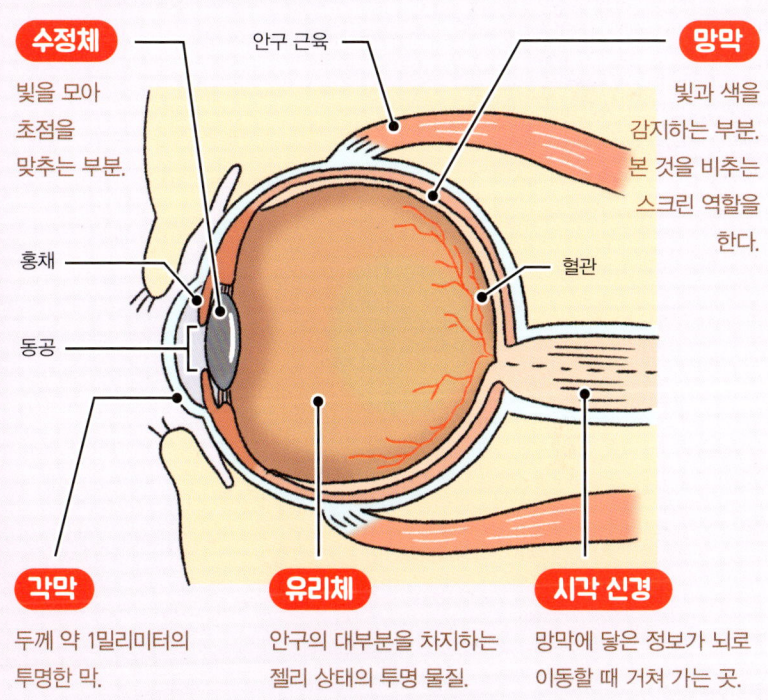

수정체
빛을 모아 초점을 맞추는 부분.

안구 근육

망막
빛과 색을 감지하는 부분. 본 것을 비추는 스크린 역할을 한다.

홍채

동공

혈관

각막
두께 약 1밀리미터의 투명한 막.

유리체
안구의 대부분을 차지하는 젤리 상태의 투명 물질.

시각 신경
망막에 닿은 정보가 뇌로 이동할 때 거쳐 가는 곳.

갈색 눈, 파란 눈을 결정하는 홍채

아는 척하고 싶은 이야기

홍채에는 '멜라닌'이라는 색소 성분이 들어 있어서 멜라닌 성분이 많으면 짙은 갈색, 적으면 푸른색이나 초록색을 띤다. 하지만 홍채 가운데에 있는 동공은 모두가 똑같이 검정색! 즉, '눈동자색'의 차이는 '홍채색'의 차이에서 비롯되는 셈이다.

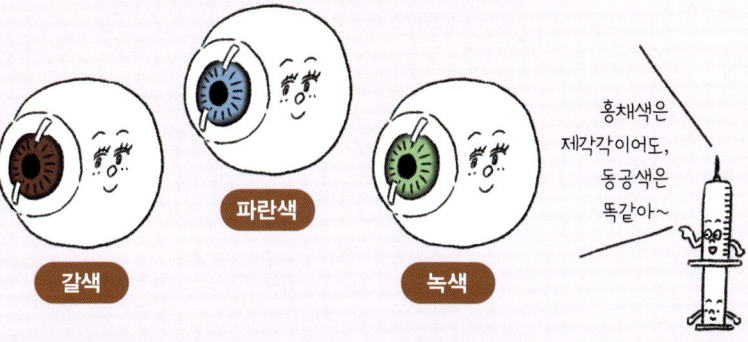

갈색

파란색

녹색

홍채색은 제각각이어도, 동공색은 똑같아~

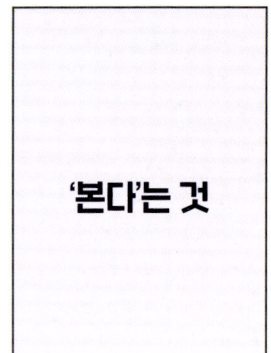
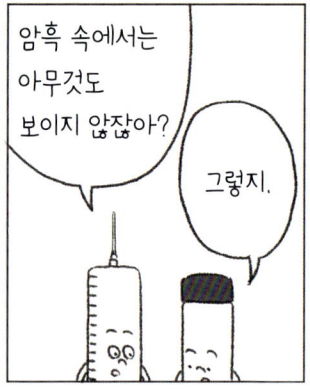
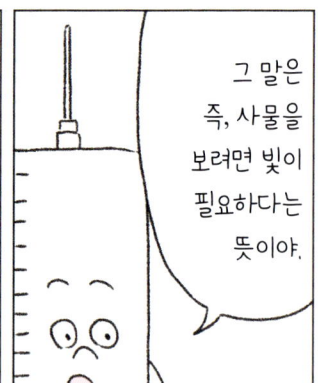
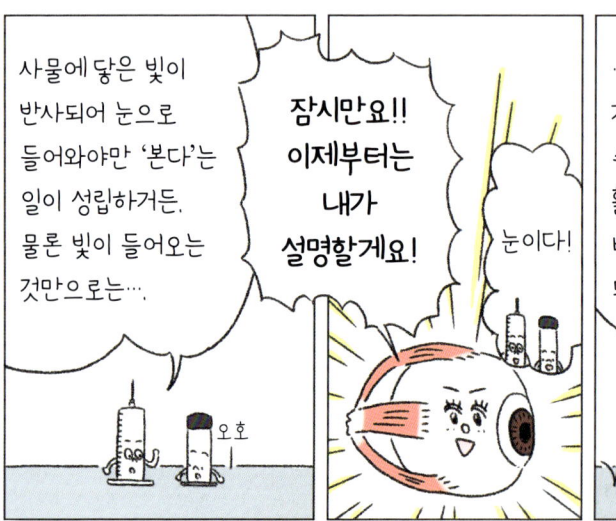
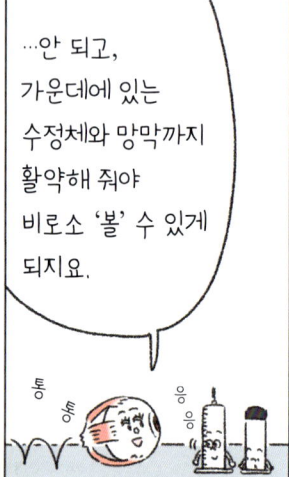
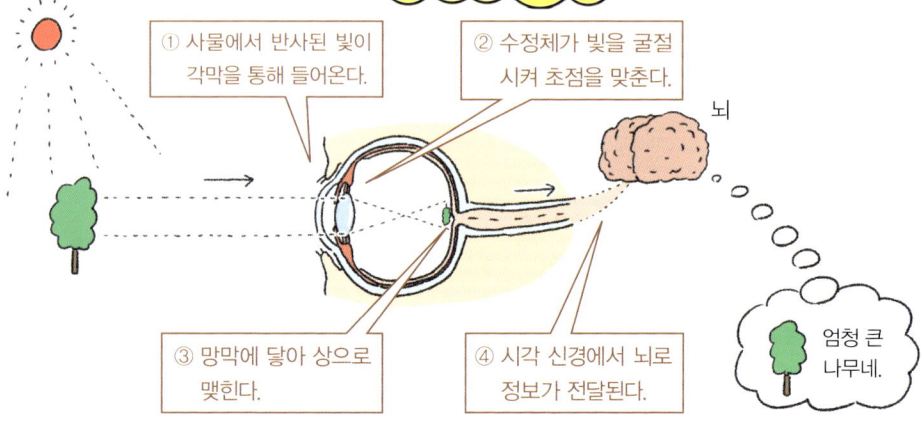

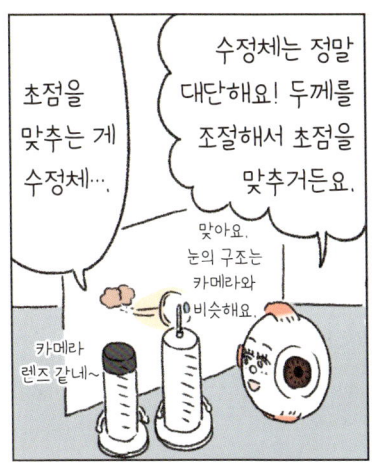

책을 읽을 때(가까운 물체를 볼 때)는 수정체가 두꺼워져 빛을 크게 굴절시키고,

나무를 볼 때(멀리 있는 물체를 볼 때)는 수정체가 얇아져 빛을 작게 굴절시켜요.

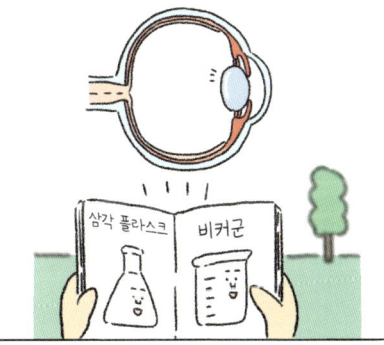

참고로 가까운 물체를 계속 보다 보면 안구가 가로로 길게 늘어나요.*
그러면 수정체가 아무리 애써도 초점을 잘 맞출 수 없게 되죠.

즉, 유능한 수정체라도 초점 조절에 한계가 있다는 말씀. 그러니 오랜 시간, 너무 가까이에서 게임을 하거나 책을 읽지 말도록 해요.

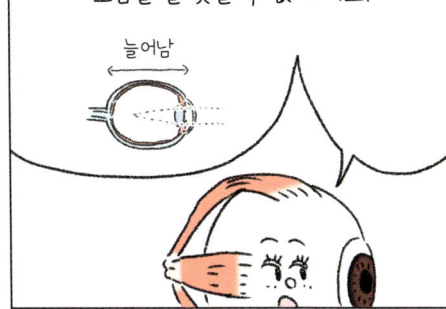
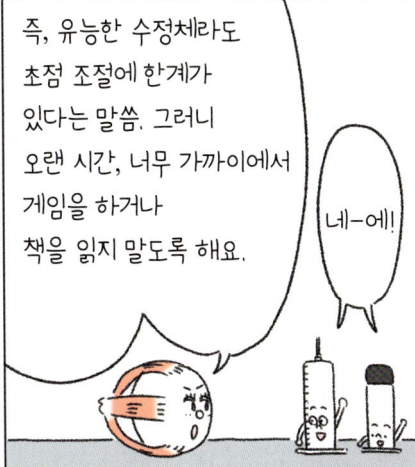

* 이처럼 망막에 닿지 못하고 그 앞에서 상이 맺히는 것을 '근시'라고 한다.

귀

크게 겉귀, 가운데귀, 속귀의 세 부분으로 나뉘는 귀의 가장 대표적인 역할은 소리를 듣는 일. 또, 속귀에 있는 반고리관, 안뜰 기관과 함께 몸의 회전이나 균형 감각을 담당하기도 한다.
참고로 사람 몸에 있는 뼈 중에서 가장 작다고 알려진 등자뼈(13쪽)가 바로 가운데귀 안에 있다.

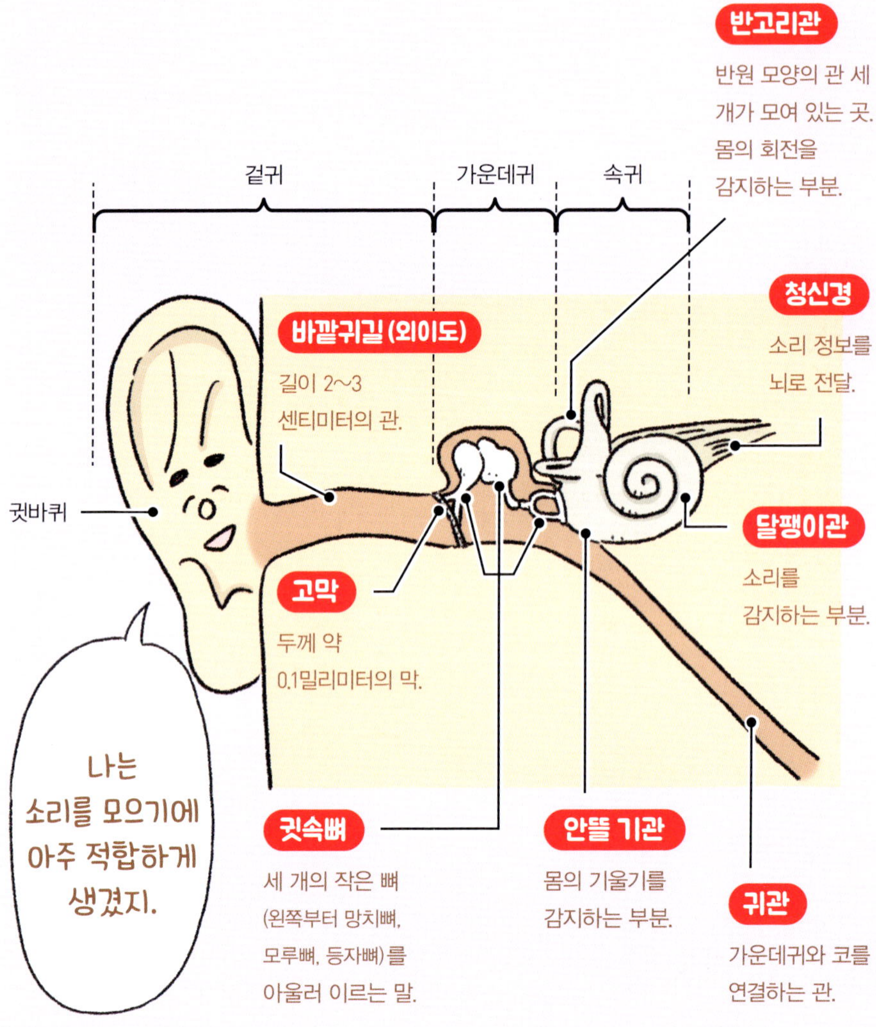

반고리관
반원 모양의 관 세 개가 모여 있는 곳. 몸의 회전을 감지하는 부분.

겉귀 / 가운데귀 / 속귀

바깥귀길 (외이도)
길이 2~3 센티미터의 관.

청신경
소리 정보를 뇌로 전달.

귓바퀴

달팽이관
소리를 감지하는 부분.

고막
두께 약 0.1밀리미터의 막.

나는 소리를 모으기에 아주 적합하게 생겼지.

귓속뼈
세 개의 작은 뼈 (왼쪽부터 망치뼈, 모루뼈, 등자뼈)를 아울러 이르는 말.

안뜰 기관
몸의 기울기를 감지하는 부분.

귀관
가운데귀와 코를 연결하는 관.

너의 목소리가 들려

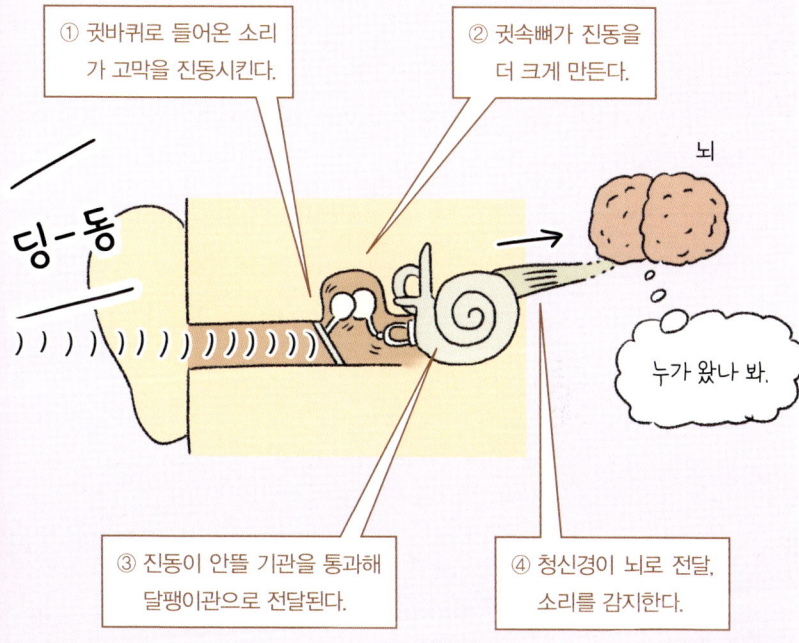

내가 듣는 목소리, 남이 듣는 목소리

자신의 목소리를 녹음해서 들어 보면 평소 들리는 목소리가 아니라고 느낄 것이다. 보통 스스로가 듣는 자신의 목소리는 공기를 통해 귀로 들어오는 소리(공기 전도)와 머리뼈를 통과한 소리(뼈 전도)가 겹쳐서 들리기 때문(녹음된 소리는 공기 전도뿐)이다.

피부

온몸을 뒤덮고 있는 피부는 성인 남자의 경우, 총면적이 약 1.6제곱미터에 이른다. 표피, 진피, 피하 조직의 세 층으로 나뉘며, 가장 큰 역할은 자외선과 열, 세균 등 외부 환경으로부터 몸을 보호하는 것이다. 그뿐만 아니라 체온 조절과 촉각, 온각 등의 피부 감각을 뇌로 전달하는 감각 기관의 역할도 한다.

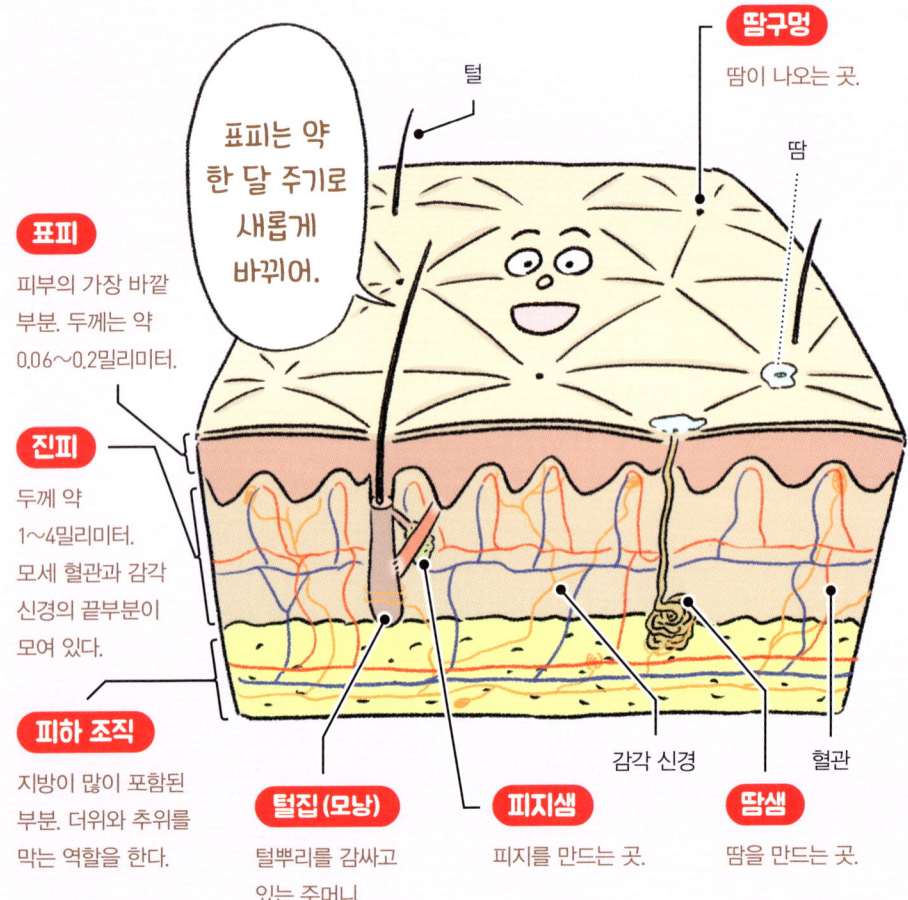

표피는 약 한 달 주기로 새롭게 바뀌어.

표피
피부의 가장 바깥 부분. 두께는 약 0.06~0.2밀리미터.

진피
두께 약 1~4밀리미터. 모세 혈관과 감각 신경의 끝부분이 모여 있다.

피하 조직
지방이 많이 포함된 부분. 더위와 추위를 막는 역할을 한다.

털집 (모낭)
털뿌리를 감싸고 있는 주머니.

피지샘
피지를 만드는 곳.

땀샘
땀을 만드는 곳.

땀구멍
땀이 나오는 곳.

감각 신경

혈관

털

땀

피부로 느끼는 다양한 감각

피부는 왜 새카매지는 걸까?

뜨거운 햇빛에 오랫동안 노출되면 햇빛 속에 있는 자외선*이 피부로 들어가 세포가 파괴되는 일이 일어나기도 한다. 이를 막기 위해 우리 몸은 자외선을 흡수하는 검은 멜라닌 색소를 만들어 내고, 그것이 '피부가 타는' 형태로 나타나는 것. 하지만 멜라닌 색소만으로는 자외선 차단에 한계가 있으니 자외선 차단제를 바르거나 양산을 쓰는 등의 노력을 잊지 말자.

* 햇빛 속에 있는 빛의 한 종류. 피부를 손상시키거나 피부암의 원인이 되기도 한다.

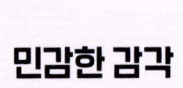

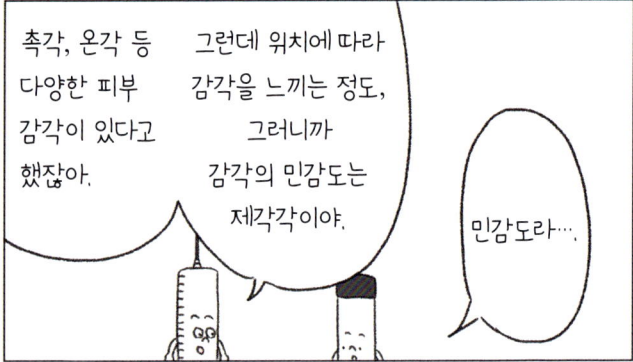

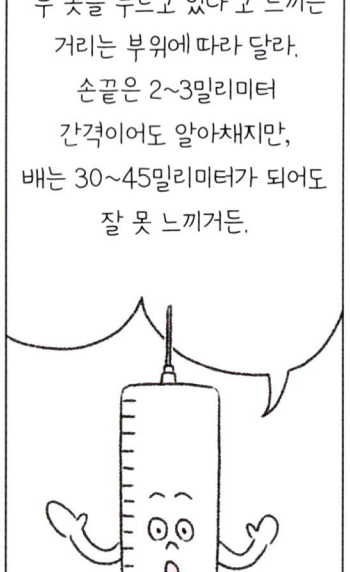

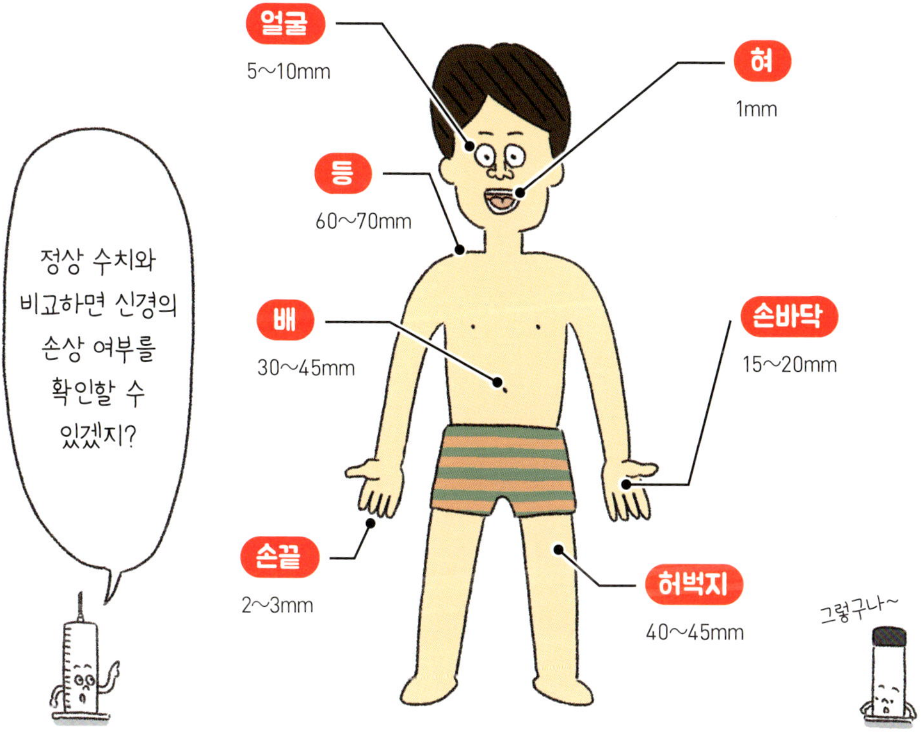

털

털은 표피의 세포가 변한 것으로, 손바닥과 발바닥, 혀를 제외한 온몸에 돋아 있다. 색소 성분인 멜라닌이 들어 있어서 보통은 검정색 혹은 짙은 갈색이지만 색소 성분의 종류와 크기, 양에 따라서 색이 달라지기도 한다.

참고로 털에는 수명이 있어서 일정 시간이 지나면 자연스럽게 빠지고 새로 나는데, 머리카락의 수명은 약 2~5년이다.

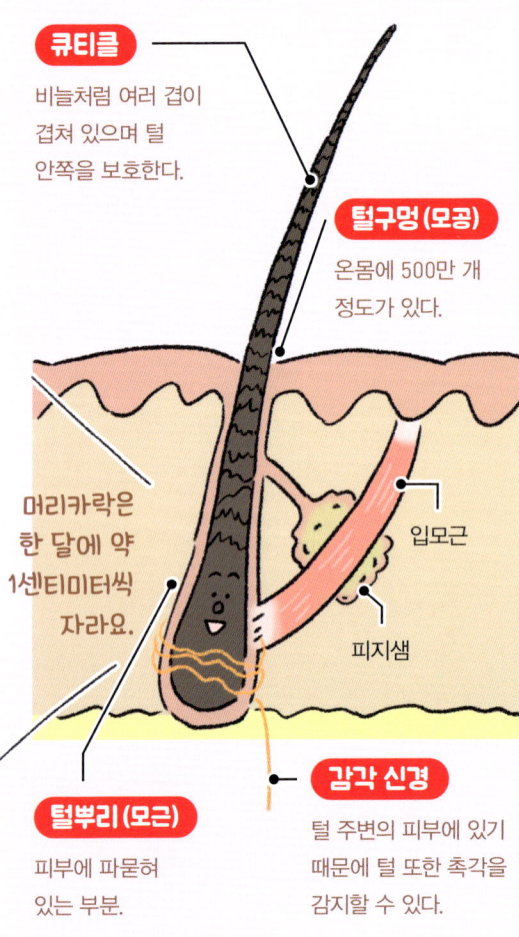

큐티클: 비늘처럼 여러 겹이 겹쳐 있으며 털 안쪽을 보호한다.

털구멍(모공): 온몸에 500만 개 정도가 있다.

머리카락은 한 달에 약 1센티미터씩 자라요.

입모근

피지샘

감각 신경: 털 주변의 피부에 있기 때문에 털 또한 촉각을 감지할 수 있다.

털뿌리(모근): 피부에 파묻혀 있는 부분.

* 그림은 머리카락을 이미지화한 것.

아는 척하고 싶은 이야기

갈라진 머리카락의 비밀

머리카락의 큐티클은 털뿌리에서 털 끝 방향으로 겹겹이 겹쳐 있다. 이 때문에 머리카락을 만지면 어느 방향으로 만지는가에 따라 매끄러운 정도가 다르다.

❶ 쓸어내리면 매끄럽다.
❷ 쓸어 올리면 오돌토돌하다.

손톱

손가락 끝부분에 있는 손톱 역시 털처럼 피부가 변해 만들어진 것이다. 단단한 손톱은 손끝을 보호할 뿐만 아니라, 물건을 잡거나 정교한 작업을 할 때에도 큰 역할을 한다. 일주일에 약 1밀리미터 정도 자라는데, 나이가 어릴수록 자라는 속도가 빠르다.
참고로 손톱이 분홍색인 것은 손가락의 모세 혈관이 비쳐 보이기 때문이다.

손톱 몸통: 보통 '손톱'이라고 부르는 부분.

나는 겨울보다 여름에 더 빨리 자라.

손톱위허물: 손톱 뿌리를 덮고 있는 얇은 피부. '큐티클'이라고도 한다.

손톱초승달: 막 돋아나 아직 투명해지지 않은 손톱.

일상의 이야기

손톱으로 확인하는 건강

가로줄이 있음
예전에 스트레스 등으로 손톱의 성장이 멈추었을 가능성이 있다.

세로줄이 있음
노화 현상의 하나. 스트레스, 수면 부족, 과로 등이 원인일 수도 있다.

하얗게 변함
신장이나 간에 이상이 생겼을 수 있다.

윗부분이 젖혀짐
철분 부족에 따른 빈혈이 원인. 여성에게 많이 나타난다.

에취! 알레르기란?

알레르기는 면역(몸을 지키는 방어 시스템) 반응이 지나칠 때 일어나는 현상이야. 두드러기, 피부병, 가려움, 재채기, 기침 같은 증상이 따라오지. 음식물과 꽃가루 등 원인이 다양하고, 이런 원인 물질을 '알레르겐'이라고 해. 알레르기의 종류에는 이런 것들이 있어.

♦ **꽃가루 알레르기** 몸 안에 꽃가루가 들어와서 생겨. 눈과 코가 가렵거나 맑은 콧물과 재채기, 눈물 등이 나오기도 해. 심하면 냄새와 맛을 느낄 수 없게도 되지. 삼나무, 벼, 노송나무, 돼지풀 등이 알레르기성 꽃가루를 내뿜는 식물이야.

♦ **식품 알레르기** 특정한 음식물에 반응해서 일어나는 알레르기야. 두드러기가 나서 온몸이 빨개지거나, 입안이 간지럽고 배가 아프기도 해. 알레르기를 일으키는 음식물로는 계란, 우유, 어패류(고등어, 오징어), 과일(복숭아, 바나나), 곡류(콩, 땅콩, 메밀, 밀가루) 등이 있어.

♦ **접촉성 피부염** 알레르겐과 닿고 이틀 정도 지나면 일어나는 알레르기야. 금속 알레르기가 대표적이지. 주요 증상에는 피부병(습진, 붉어짐, 가려움, 물집, 부기)이 있어.

알레르기 중에는 순간적으로 혈압을 낮추는 등 심각한 증상을 일으키는 것도 있어. 급성 중독에 의식 장애까지 일으켜 생명을 위협하기도 하지. '아나필락시스'라고도 하는데, 원인은 벌의 독, 음식물, 약물, 천연고무 등 다양해.

심지어 어떤 알레르기는 어느 날 갑자기 생길 수도 있어. 예를 들어, 어릴 때 없던 식품 알레르기가 어른이 된 후에 나타나기도 하지. 치료법으로는 알레르기 유발 음식을 조금씩 먹어서 내성을 키우는 '경구 면역 치료법'과 알레르기 물질을 주사하는 '탈감작 치료법' 등이 있어. 하지만 상황에 맞게 의사의 지시를 따르는 것이 무엇보다 중요하겠지.

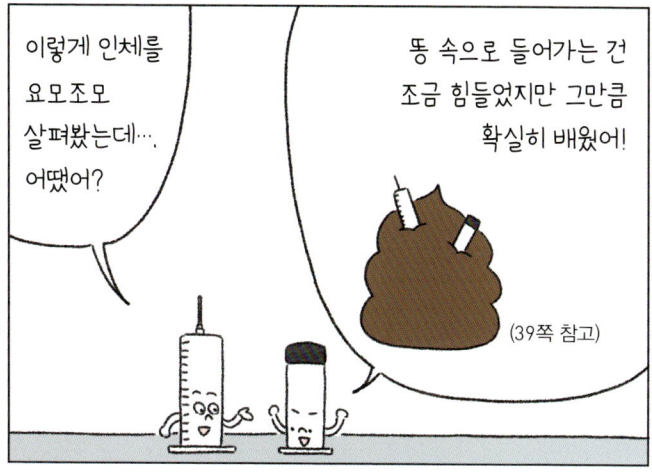

작가의 말

인체의 구조를 안다는 것은 내 몸을 올바로 아는 일, 그리고 내 몸을 소중히 여기는 일로 이어집니다.
이 책을 읽은 여러분 모두가 자신의 몸을 잘 아는 척척박사가 되었기를 바라요!

우에타니 부부

찾아보기

ㄱ

가로막 49, 56, 58~60
각막 110, 111
간 26, 40~42, 44
갈비뼈 12
감각계 4, 108, 109
감각성 언어중추 96
감각 신경 102~104
경첩 관절 17
고막 114, 115
고환 80, 81, 86
곧창자 36
골격근 18, 19
골다공증 15, 22
골반뼈 11, 88
골수 12
골절 22
공기뼈 13
관절 16, 17
관절포 17
교감 신경 103~105
귀 109, 114
귀관 114
귓속뼈 114, 115
근두 18
근미 18
근복 18
근육 4, 10, 11, 18~20
근육통 22
근육 파열 19
기계적 소화 25

기관 31, 49, 54, 58
기관지 49, 54
기억 95, 98, 99, 123
기침 53, 60
꿈 97

ㄴ

난소 80, 87
난자 81, 87
날문 32
내장근 19
넙다리뼈 11
넙다리 네갈래근 11
노폐물 74, 82
뇌 30, 51, 91, 94, 97
뇌줄기 94, 95
뇌들보 95
눈 109~112

ㄷ

단백질 24
달팽이관 114, 115
닭살 105
대뇌 90, 94, 95, 97
대뇌 세로틈새 94
대뇌 겉질 95, 96, 99
대십이지장 유두 42
돌창자 34, 38
동공 110, 111
동맥 65, 72, 73
두통 97
들문 32
딸꾹질 56, 60

땀구멍 116
땀샘 116
똥 37~39

ㄹ

림프관 65, 74
림프구 74, 75
림프액 64, 65, 74
림프절 75

ㅁ

말초 신경 91, 102, 105
망막 111, 112
막창자 36, 37
맹장염 37
머리뼈 11, 13, 16
멜라닌 111, 117, 120
모세 림프관 75
모세 혈관 57, 65, 72, 73, 75
목젖 28, 52
몸감각 겉질 96
물렁입천장 52, 53
미네랄 24
미뢰 30

ㅂ

바깥귀길 114
반고리관 114
반사 90, 101
방광 79, 80, 84
백혈구 70
배곧은근 11, 19

봉합 16
부교감 신경 103, 104
비뇨계 2, 78, 79
비타민 24
빈창자 34, 38
뼈 4, 10~16
뼈 대사 15
뼈막 12

ㅅ

사정 86
생식 80
생식계 2, 80
생활 습관병 46, 76
성대 52, 60
세포체 92
소뇌 94, 95, 97
소화 24, 25
소화관 27, 34, 36
소화계 2, 24, 26
소화액 25, 28, 33, 41~45
소화 효소 25, 43
속근 20, 21
속요도 조임근 84
손톱 109, 121
손톱위허물 121
손톱초승달 121
수정 81
수정관 80, 86
수정체 111~113
순환 62
순환계 4, 62, 64, 65
숨뇌 90, 93, 95
시각 겉질 96

시냅스 92, 106
시상 95
시상 하부 95
시각 신경 104, 111
식도 26, 31
신경계 4, 90, 91
신경 세포 91, 92, 100, 102, 105, 105
신경 돌기 92, 106
심근 19, 66
심박수 68, 69
심장 65, 66, 68
샘창자 34, 38
쓸개 26, 38, 42
쓸개즙 37, 41, 43, 45

ㅇ

안구 110, 113
안구 근육 110
안뜰 기관 114
안장 관절 17
알레르기 122
암 46
어깨뼈 11, 13
어깨세모근 11
연골 14
연골 결합 16
연동 운동 31, 33, 39
영양소 24, 25
오줌 78, 83~85
오줌관 79, 82
온간관 42
온몸 순환 63
요도 80, 84

우심방 66, 67
우심실 66, 67
운동 겉질 97
운동성 언어중추 97
운동 신경 102
위 26, 32
위궤양 33
위액 33, 45
위저부 32
위체부 32
위팔뼈 11, 13
위팔 두갈래근 11, 19
유리체 111
음경 80, 86
음낭 80, 86
이(치아) 28, 29
이마엽앞 겉질 97
이자 26, 38, 42
이자액 38, 42, 43, 45
인대 17
인대 결합 16
인두 49, 52
입 26, 28, 39
입안 28, 52

ㅈ

자궁 80, 81, 87
자궁관 80, 87
자궁관술 87
자율 신경 102, 103, 105
작은창자 26, 34, 35, 38
잘록창자 36
잘록창자띠 36
재채기 60

적혈구 64, 70, 71
전립샘 84, 86
절구 관절 17
정낭 80, 86
정맥 65, 72, 73
정자 81, 86
좌심방 66, 67
좌심실 66, 67
중간뇌 90, 95
중쇠 관절 17
지근 20, 21
지방 24
진피 116
질 87

착상 81, 87
척수 90, 91, 100
척수 신경 100, 105
척추뼈 11, 100
청각 겉질 96
청신경 114
체성 신경 102
충수염 37
충치 29
치밀질 12
침 28, 30, 45

코 49, 50
코안 50, 52, 55
코털 50, 55
콧구멍 50

콩팥 79, 80, 82
콩팥 겉질 82
콩팥 깔때기 82
콩팥 속질 82
큐티클 120, 121
큰가슴근 11
큰창자 26, 36, 39

탄수화물 24
털 109, 116, 120
털구멍 120
털뿌리 120
털집 116

판막 66, 72
편도체 95
표정근 11
표피 116
피부 109, 116
피지샘 116, 120
피하 조직 116

ㅎ

항문 26, 38
해마 95, 109
해면질 12
허파 43, 49, 54, 56, 58, 59
허파 꽈리 54, 57, 58
허파 순환 63
혀 28~30

혈관 65, 72
혈소판 70, 71
혈액 62, 63~65, 67, 70
혈장 70, 74
호흡 48, 49, 58
호흡계 2, 48, 49
혹 71
홍채 110, 111
화학적 소화 25
회맹부 36
후두 49, 52
후두덮개 52, 53
후상피 51
힘줄 18

글/그림 **우에타니 부부**

화장품 연구원이었던 이과 계열 남편과 캐릭터 디자이너였던 예술 계열 아내가 만나, 과학을 쉽게 알려 주는 책을 만들고 있다. 국내에 출간되어 많은 사랑을 받은 《비커 군과 실험실 친구들》 외에도 《비커 군과 친구들의 유쾌한 화학 실험》《비커 군과 교과서 친구들의 수상한 과학책》《미터 군과 판타스틱 단위 친구들》《돋보기 군, 우리 집에서 과학을 찾아 줘!》 등 다양한 책을 쓰고 그렸다.

감수 **다케우치 슈지**

도쿄 지케이카이 의과대학에서 인체 해부학 실습과 강의를 담당하고 도코하대학 건강프로듀스학부의 학과장을 지낸 의학박사이다. 주전공은 해부학이며 노화와 성장기 변화 등을 함께 연구하고 있다. 국내에 출간된 《인체 구조 교과서》 외에 《해부 생리학》《해부 트레이닝 노트》《몸의 구조와 기능의 수수께끼》《사람 몸의 구멍》 등의 책을 썼다.

옮김 **양지연**

서강대학교에서 정치외교학, 북한대학원에서 문화언론학을 전공했다. 공공 기관에서 홍보와 출판 업무를 담당했고, 지금은 좋은 책을 우리말로 옮기는 번역가로 일하고 있다. 하루 중 잠자기 전 아이와 함께 그림책 읽는 시간이 가장 행복한 엄마이기도 하다. 그동안 옮긴 책으로는 《그렇게 그렇게》《더우면 벗으면 되지》《만약의 세계》《의외로 친해지고 싶은 곤충 도감》《60, 외국어 하기 딱 좋은 나이》 등이 있다.

한국어판 감수 **박강휘**

의학박사, 가정의학과 전문의, 가족치료 전문가. 서울대학교 의과대학을 졸업 후, 영국 브리스톨 의대 소아과 전임의와 서울대학교병원 가정의학과 전임의를 거쳐 가톨릭의과대학 교수이자 가정의학과장을 지냈다. 현재는 EFT, 매트릭스 리임프린팅, 명상 상담, 닥터 클링하트의 통합 진단법 등을 이용하여 내담자의 심신 건강을 신난하고 치유하는 '행복한 마음 상담실'을 운영 중이다. 그동안 옮긴 책으로《세상에서 가장 쉬운 치유 EFT》《EFT의 새로운 진화, 매트릭스 리임프린팅》《매트릭스 리임프린팅 2》《매트릭스 리임프린팅 3》 등이 있다.

참고 문헌 《재밌어서 밤새 읽는 인체 이야기》, 사카이 다츠오 지음, 더숲, 2014. 《脳と心と身体の図鑑》, アシュウェル・ケン, 柊風舎, 2015. 《脳と心のしくみ》, 池川裕二, 新星出版社, 2015. 《図解 からだのしくみ大全》, 伊藤善也, 永岡書店, 2006. 《マンガでわかる人体のしくみ》, 坂井建雄, 池田書店, 2012. 《ぜんぶわかる人体解剖図》, 坂井建雄ほか, 成美堂出版, 2010. 《からだの地図帳》, 佐藤建夫, 講談社, 2013. 《人体解剖の基本がわかる事典》, 竹内修二, 西東社, 2012. 《からだの不思議図鑑》, 竹内修二, PHP研究所, 2010. 《皮膚は考える》, 傳田光洋, 岩波書店, 2005. 《新しい人体の教科書》, 山科正平, 講談社, 2017.

CHUSHAKI KYODAI GA MANGA DE OSHIERU! JINTAI NO NAZOZUKAN by Uetani Huhu
Supervised by Syuji Takeuchi
Copyright © 2021 Uetani Huhu/ Syuji Takeuchi/EDIT CO.,LTD./PARCO CO.,LTD.
All rights reserved.
Original Japanese edition published by PARCO CO.,LTD.

Korean translation copyright © 2021 by Gimm-Young Publishers, Inc.
This Korean edition published by arrangement with PARCO CO.,LTD.
through HonnoKizuna, Inc., Tokyo, and Shinwon Agency Co.

이 책의 한국어판 저작권은 신원 에이전시를 통해 저작권사와 독점 계약한 ㈜김영사에 있습니다.
저작권법에 의해 한국 내에서 보호를 받는 저작물이므로 무 단전재와 복제를 금합니다.

주사기 형제가 알려 주는
의외로 할 말 많은 몸속 도감

1판 1쇄 발행 | 2021. 12. 6.
1판 2쇄 발행 | 2026. 1. 1.

우에타니 부부 글·그림 | 다케우치 슈지 감수 | 양지연 옮김 | 박강휘 한국어판 감수

발행처 김영사 | **발행인** 박강휘
편집 문새미 | **디자인** 홍윤정 | **마케팅** 서영호 | **홍보** 허한아 최윤아
등록번호 제 406-2003-036호 | **등록일자** 1979. 5. 17.
주소 경기도 파주시 문발로 197(우10881)
전화 마케팅부 031-955-3100 | 편집부 031-955-3113~20 | 팩스 031-955-3111

값은 표지에 있습니다.
ISBN 978-89-349-8016-2 76470

좋은 독자가 좋은 책을 만듭니다.
김영사는 독자 여러분의 의견에 항상 귀 기울이고 있습니다.
전자우편 book@gimmyoung.com | 홈페이지 www.gimmyoung.com

| **어린이제품 안전특별법에 의한 표시사항** | 제품명 도서 제조년월일 2026년 1월 1일
제조사명 김영사 주소 10881 경기도 파주시 문발로 197 전화번호 031-955-3100 제조국명 대한민국
사용 연령 10세 이상 ⚠주의 책 모서리에 찍히거나 책장에 베이지 않게 조심하세요.